老师领进门

刘绍棠◎著

长江出版传媒　长江文艺出版社

目录

第 二 辑

小 · 说 卷

第一辑　散文卷

老师领进门①

1942年正月新春，我不满6周岁，到邻村小学读书。

我们的学堂，原是供给店的关帝庙，四个班挤在一座大殿里。侍立两厢的关平、周仓、王甫、赵累四座泥胎，被抬到耳房，横躺竖卧；扛枷罚跪的糜芳、傅士仁、刘封、孟达，被粉身碎骨，茅房里垫坑；只留下关云长手捧着《春秋》跟我们一同上课。关云长正襟危坐，目不斜视，比我们守规矩；只是他光看一页，老不翻篇儿。我们四个班摇头晃脑念书，像吵蛤蟆坑，关云长却闭着嘴默不作声。这座大庙已经荒凉破败，配殿和

---

① 原题为《插柳之恩怎能忘》。亦节选作课文《老师领进门》。

— 3 —

院墙只剩下断壁残垣，每到我们吵蛤蟆坑的时候，白杨树上的喜鹊便叽叽喳喳，大榆树上的老鸹也哇呀哇呀，跟我们高声唱和。

老师姓田，名文杰，属虎的，阴历腊月三十诞生，那一年他28岁。

田老师自己念的是私塾，他是我的外祖父柏秀峰先生的得意门生；后来到县立简易师范受训，17岁便开始在家乡的小学执教。

在我的家乡，有两位教师的影响最大。一位是我的外祖父柏秀峰先生。运河滩上的几个村庄，80岁以上念过私塾的人，差不多都是他的学生。他一直教私塾，有了"洋"学堂便收科了。再一位便是田文杰先生。运河滩上十几个村庄，40岁以上，75岁以下念过小学的人，也差不多都是他的学生。

两代相传，师生为继。田文杰先生从我外祖父那里学到一手好文章、一笔好字和历史知识，也继承了我的外祖父那"教不严，师之惰，不打不成才"的教育思想和教育方法。

我的祖父牵着我的手，走进这座破庙中的小学。论乡亲辈分，田老师管我的祖父叫老叔，我应该管田老师叫大伯。

"文杰，我把这个孩子交给你了。"祖父命令我给田老师恭恭敬敬地行了个拜师礼，"该打你就打，可不许心慈手软；该打你不打，我就要恼你。"

"老叔，您放心。"田老师笑眯着一双深度近视眼，"当年柏老师怎么教我，我就怎么教您的孙子。"

"那才好！"祖父哈哈大笑，非常满意，"文杰，你给这个孩子起个大名吧！"

刘家到我这一代，是绍字辈儿。田老师略一思索，便给我起名叫"绍堂"。田老师选用礼堂这个"堂"字，是不是有把我作为登堂入室弟子之意呢？我没有问过他。后来，我的外祖父又因这个"堂"而赐我以"学升"为字。那是以班超自请出使西域而得到三升堂（晋级）的待遇为史据，希望我能像班超那样大有作为。不过，我稍长之后，便自作主张，把礼堂的"堂"改为海棠的"棠"了。这是因为我本草命生（落生时假死），改为"棠"字以表示我乃草木之人。更大一点儿，多念了几年书，才知道召公甘棠树下三擢发和周公吐哺同为历史佳话，绍棠便可作继承召公一解，那是歪打正着，始料所不及。至于我外祖父赐我的字，由于刘学升和留学生同音，我怕被人玩笑，一直秘而不宣。

我在我的许多长、中篇小说里，常常写到乡村教师，大多以田老师的某个侧面为原型，有时也以我的外祖父的形象做补充。

田老师很有口才，文笔也好。

开学头一天，我们叩拜大成至圣先师孔夫子的木主之后，便排队进入教室。每个一年级小学生，配备一位三年级的学兄带笔。田老师先给二年级和四年级学生上课，就命令三年级的学兄把握着一年级学弟的小手，描红摹纸。

红摹纸上，一首小诗：

一去二三里，
烟村四五家，
亭台六七座，
八九十枝花。

田老师先把这首诗念一遍，串讲一遍；然后，以这四句诗为起承转合，编出一段故事，娓娓动听地讲起来。

我还记得，故事的大意是：

一个小孩儿，牵着妈妈的衣襟儿，去往姥姥家，一口气走出二三里；眼前要路过一个小村子，只有四五户人家，正在做午饭，家家冒炊烟；娘儿俩走累了，看见路边有六七座亭子，就走过去歇脚；亭子外边，花开得茂盛，小孩儿越看越喜爱，伸出指头点数儿，嘴里念叨着："……八枝，九枝，十枝。"他想折下一枝来，戴在耳丫上，把自己打扮得像个迎春小喜神儿；他刚要动手，妈妈喝住他，说："你折一枝，他折一枝，后面歇脚的人就不能看景了。"小孩儿听了妈妈的话，就缩回了手。后来，这八、九、十枝花，越开越多，数也数不过来了，此地就变成了一座大花园……

这个故事，有思想，有人物，有形象，有情趣。

我听得入了迷，恍如身临其境，田老师戛然而止，我却仍在发呆；直到三年级的大学兄捅了我一下，我才惊醒。

那时候的语文叫国文，田老师每讲一课，都要编一个引人入胜的故事；一、二、三、四年级的课文，都是如此。我在田老师门下受业四年，听到上千个故事，有如春雨点点入地。

从事文学创作，需要发达的形象思维，丰富的想象力；在这方面，田老师培育了我，给我开了窍。

我每逢回家乡去，在村边、河畔、堤坡，遇到老人拄杖散步，仍然像50年前的小学生那样，恭恭敬敬地向他行礼。谈起往事，我深深感念田老师在我那幼小的心田上，播下文学的种子。老人摇摇头，说："这不过是无心插柳柳成荫。"

十年树木，百年树人；插柳之恩，我怎能忘。

首先，我感激田老师在我该打的时候，毫不心慈手软地狠打。

我自幼天资较好，记忆力强，学习成绩一直在全班领先。初小四年，每个学期的月考、期中考、期末大考，一直考第一名，在全校也只此一人。月考、期中考和期末大考都要发榜。我的祖父虚荣心强，发榜那天，他起大早头一个来到榜前，看到孙子每个学期都是"三连冠"，洋洋得意，眉飞色舞。田老师陪同我祖父看榜时，对我大加夸奖，赞不绝口。我也就难免沾沾自喜，傲视同学。但是，不出三天，田老师必定找个因由，打我一顿；把我的趾高气扬打得一干二净。

当时，我感到十分委屈，更感到非常奇怪，田老师为什么如此不近情理？待到我长大成人，有了儿女，读陆游的《放翁家训》："后生才锐者，最易坏。若有之，父兄当以为忧，不可以为喜也。切须常加简束，令熟读经学，训以宽厚恭谨，勿令与浮薄者处。如此十许年志趣自成。不然，其可虑之事盖非一端。吾此言，后人之药石也，各须谨之，毋贻后悔。"我才恍然大悟，田老师打得对，打得好。

当然，我并不赞成对孩子实行体罚，但是我也反对对孩子娇纵溺爱，更不可对早慧的孩子滥加吹捧，大抬轿子。清人彭端淑《古论撷粹》中说："聪与敏，可恃而不可恃也；自恃聪与敏而不学者，自败也。"

再有，我在田老师的训诫下，养成了一个好习惯。就是无论写任何文字，都要打草稿；正式誊写，必须卷面整洁。

凡是跟我打过交道的编辑同志都知道，我的手稿，哪怕是二三十万字的长篇小说手稿，都抄写得工工整整，清清楚楚。不但写小说，写论文，即便是给我爱人写信，都要先打一遍草稿，然后再斟字酌句地抄好。

田老师不仅要求国语（语文）作业要交草稿，而且对算术作业也要求交算草。没有草稿的国语作业或没有算草的算术作业，他都不收，一分不给，甚至恼怒地撕掉，喝令伸出手来痛打，一边打一边训斥："我叫你手懒，我叫你手懒。"其实，这并没有加重学生们的负担，反倒是当教师的负担至少增加了一倍。

1982 年 3 月

榆钱饭

我自幼常吃榆钱饭，现在却很难得了。

小时候，年年青黄不接春三月，榆钱儿就是穷苦人的救命粮。杨芽儿和柳叶儿也能吃，可是没有榆钱儿好吃，也当不了饭。

那时候，我六七岁，头上留个木梳背儿；常跟着比我大八九岁的丫姑，摘杨芽，采柳叶，捋榆钱儿。

丫姑是个童养媳，小名就叫丫头；因为还没有圆房，我只能管她叫姑姑，不能管她叫婶子。

杨芽儿和柳叶儿先露头。

杨芽儿摘嫩了，浸到开水锅里烫一烫又化成一锅黄汤绿水，吃不到嘴里；摘老了，又苦又涩，入口难以下咽。只有不老不嫩的筋劲儿，摘下一大篮子，清水洗净，开水锅里烫个翻身儿，笊篱捞上来挤干了水，拌上虾皮和生酱，玉米面羼合榆皮面擀薄皮儿，包大馅儿团子吃，可这也省不了多少粮食。柳叶儿不能做馅儿，采下来也是洗净开水捞，拌上生酱小葱当菜吃，却又更费饽饽。

杨芽儿和柳叶儿刚过，榆钱儿又露面了。

村前村后，河滩坟圈子里，一棵棵老榆树耸入云霄，一串串榆钱儿挂满枝头，就像一串串霜凌冰挂，看花了人眼，馋得人淌口水。丫姑野性，胆子比人的个儿还大；她把黑油油的大辫子七缠八绕在脖子上，雪白的牙齿咬着辫梢儿，扒光了脚丫子，双手合抱比她的腰还粗的树身，哧溜溜，哧溜溜！直上直下爬到树梢，岔开腿骑在树杈上。

我站在榆树下，是个小跟班，眯起眼睛仰着脸儿，身边一只大荆条筐。

榆钱儿生吃很甜，越嚼越香。丫姑折断几枝扔下来，边叫我的小名儿边说："先喂饱你!"我接住这几大串榆钱儿，盘膝坐在树下吃起来，丫姑在树上也大把大把地揉进嘴里。

我们捋满一大筐，背回家去，一顿饭就有着落了。

九成榆钱儿搅和一成玉米面，上屉锅里蒸，水一开花就算熟，只填一灶柴禾就够火候儿。然后，盛进碗里，把切碎的碧绿白嫩的春葱，泡上隔年的老腌汤，拌在榆钱饭里；吃着很顺口，也能哄饱肚皮。

这都是我童年时代的故事，发生在旧社会，已经写进我的乡土文学小说里。

但是，十年内乱中，久别的榆钱饭又出现在家家户户的饭桌上。谁说草木无情？老榆树又来救命了。

政策一年比一年"左"，粮食一年比一年减产。五尺多高的大汉子，每年只得320斤到360斤毛粮，磨面脱皮，又减少十几斤。大口小口，每月三斗，一家人才算吃上饱饭；然而，半大小子，吃穷老子，比大人还能吃，口粮定量却还要二八开。闲时吃稀，忙时吃干，数着米粒下锅；待到惊蛰一犁土的春播时节，十家已有八户亮了囤底，揭不开锅了。巧妇难为无米之炊，管家婆不能给孩子大人画饼充饥；她们就像胡同捉驴两头堵，围、追、堵、截党支书记和大队长，手提着口袋借粮。支部书记和大队长被逼得走投无路，恨不得钻进灶膛里，从烟囱里爬出去，逃到九霄云外。

吃粮靠集体，集体的仓库里颗粒无存，饿得死老鼠。靠谁呢？只盼老榆树多结榆钱儿吧！

丫姑已经年过半百，上树登高爬不动了，却有个女儿二妹子，做她的接班人。二妹子身背大筐捋榆钱儿，我这个已经人到四十天过午的人，又给她跑龙套。我沾她的光，她家的饭桌上有我一副碗筷，年年都能吃上榆钱饭，混个树饱。

我把这些亲历目睹的辛酸往事，也写进了我的小说里。

1979年春天，改正了我的"一九五七年问题"，我回了城。但是，年年暮春时节，我都回乡长住。仍然是青黄不接春三月，1980年不见亏粮了，1981年饭桌上是大米白面了，1982年更有酒肉了。是想忆苦思甜，还是想打一打油腻，我又向丫姑和二妹子念叨着吃一顿榆钱饭。丫姑上树爬不动了，二妹子爬得动也不愿爬了。越吃不上，我越想吃；可是磨破了嘴皮子，却不能打动二妹子。幸亏大风帮了忙。夜里一场大风刮折了一枝榆树杈子，丫姑才给我做了两碗吃。1981年回乡，正是榆钱

— 14 —

成熟的时候，可是丫姑盖新房，连日大宴小宴，我怎么能吵着要吃榆钱饭，给人家煞风景？忍一忍，等待来年吧！

1982年春光明媚，我赶早到二妹子家。二妹子住在青砖、红瓦、高墙、花门楼的大宅院里，花草树木满庭芳。一连几天，鸡、鸭、鱼、肉，我又烧肚膛了。忽然，抬头看见院后的老榆树挂满了一串串粉个囊囊的榆钱儿，不禁又口馋起来，堆起笑脸怯生生地说："二妹子，给我做一顿……"二妹子却恼了，脸上挂霜，狠狠剜了我两眼，气鼓鼓地说："真是没有受不了的罪，却有享不了的福，你这个人是天生的穷命！"

我知道，眼下家家都以富为荣，如果二妹子竟以榆钱饭待客，被街坊邻居看见，不骂她刻薄，也要笑她小抠儿。二妹子怕被人家戳脊梁骨，我怎能给她脸上抹黑？

但是，鱼生火，肉生痰，我的食欲不振了。我不敢开口，谁知道二妹子有没有看在眼里？

一天吃过午饭，我正在床上打盹，忽听二妹子大声吆喝："小坏嘎嘎儿，我打折你们的腿！"我从睡梦中惊醒，走出去一看，只见几个顽童爬到老榆树上掏鸟儿；

二妹子手持一条棍棒站在树下，虎着脸。

几个小顽童，有的嬉皮笑脸，有的抹着眼泪，向二妹子告饶。我看着心软，忙替这几个小坏嘎嘎儿求情。

"罚你们每人捋一兜榆钱儿!"二妹子扑哧笑了，刚才不过是假戏真唱。

我欢呼起来："今天能吃上榆钱饭啦!"

"你这不是跟我要短吗?"二妹子又把脸挂下来，"我哪儿来的玉米面!"

是的，二妹子的囤里，不是麦子就是稻子；缸里，不是大米就是白面。她家承包30亩大田，种的是稻麦两茬，不种粗粮。

有了榆钱儿又没有玉米面，我只能生吃。

看来，我要跟榆钱饭做最后的告别了。二妹子的儿女长大，不会再像她的姥姥和母亲，大好春光中却要捋榆钱儿充饥。

或许，物以稀为贵，榆钱饭由于极其难得，将进入北京的几大饭店，成为别有风味的珍馐佳肴。

1983 年 1 月

打糊饼

　　在我的许多长、中、短篇小说中，我写过不少种运河滩的农家饭菜，给我的小说增添了地方特色和乡土风味。

　　我最爱吃的运河滩饭菜之一，是打糊饼。

　　打糊饼虽是运河滩农家一年四季最平常的吃食，却不是哪个媳妇都有这门手艺。在我那个生身之地的小村，高手也不过三五位，可算稀有人才。非常幸运的是我有一位表姐，不但是这三五位高手的其中之一，而且在这三五位高手中名列第一，也就使我不但馋吃糊饼，而且常吃糊饼。

　　唐表姐家是下中农，日子过得很紧，一年难得吃几顿白面，玉米面是主食。玉米面没有白面好吃，但是经过她的巧手制作，却有人愿意拿馒头、烙饼、面条、饺子交换她的糊饼。

出嫁之前，她是一个俊俏的姑娘，性情又很开朗，笑起来连绵不断，清脆悦耳，像春风送来蓝天白云间的鸽哨声。只要她一出门，不管是穿街过巷，还是赶集上庙，都非常引人注目。

她打糊饼，我帮不了忙，她却喜欢把我按坐在门槛上袖手旁观，跟她贫嘴。

我歪着头，手托着腮，不错眼珠儿地凝望着她。只见她把调拌得匀溜溜的玉米面薄薄地摊在热锅上面，搅拌白菜、韭菜、虾米、鸡蛋花儿和嫩蘑菇芽做馅，摊在热锅的扇子面上，灶下三把火揭锅。饼薄如纸，形状很像圆头斗笠，金黄焦脆；熟透的菜馅占全了色、味、香，吃到嘴里，香脆可口。表姐调拌玉米面不稀不稠，恰到好处，摊在锅上薄厚适当，端出锅来不散不裂，完整无缺；菜馅搅拌得不干不湿，摊开得五花三层，熟透了不老不嫩。最难的是掐算火候儿。灶下不能烧硬柴，要用麦秸、谷秸和豆秸，只能三把火。火大了焦煳，火小了夹生。手上摊着面和馅，脚下送柴进灶口，还不能手忙脚乱。表姐打糊饼，手疾眼快，有板有眼，火光烤红她那艳丽的脸儿，很像野台子戏里的闺门旦。

她比我年龄大。我还穿着开裆裤，她已经是"豆蔻梢头二月初""娉娉袅袅十三余"了。当时，父母之命，媒妁之言，刚给她找定婆家。她的心七上八下，忐忑不安，便捉弄我这个不懂事的孩子，消愁解闷儿。

"表弟，你长大了，娶个什么样儿的媳妇？"她一边打糊饼，一边回过头瞭我一眼。

"就娶你这样儿的！"我一点也不知害羞地答道。

她挑起眉毛，追问道："为什么要娶我这样儿的？"

"天天能吃打糊饼。"我一本正经地说出自己的理由。

她笑得前仰后合，笑得搂住了肚子，笑出了泪花儿。

40年前的往事，恍如昨日，言犹在耳。

我没有娶到会打糊饼的妻子。在我回乡当农民的漫长岁月中，口馋了便仍然找表姐给我打糊饼吃。十年内乱，她带着六个儿女过日子，工分挣得少，工值又很低，口粮严重不足。脾气变得暴躁，容颜也未老先衰，打出的糊饼都是粗制滥造，只不过是为了填肚子，顾不得色、味、香和金字牌匾了。

这几年，农村富起来，常年吃的是大米白面，儿孙绕膝的表姐也不例外。但是，她每年都特意为我磨几斤玉米面，为的是我下乡住在她家里，她好给我打糊饼。不是忆苦思甜，而是重温旧梦。在打糊饼的柴灶火光中，我看见了当年的她，她也看见了当年的我。

1984 年 1 月

大年小忆①

春雨惊春清谷天，夏满芒夏暑相连，秋处露秋寒霜降，冬雪雪冬小大寒。村风乡俗中，四时二十四节色彩缤纷，而最有鲜明地方特色和浓郁乡土风味的却是二十四节之外的春节。

春节是现在通行的官称，我却跟我的运河乡亲父老一般守旧地尊称为过年，或曰大年。

想当年，我小的时候，家乡的大年从腊月初一就开始预热。一天比一天增温，一天比一天红火、发烧，直到年根下。

腊月初一晚上，家家炒花生，炒瓜子，炒玉米花

---

① 原题为《我的第一行作品》。亦节选作课文《本命年的回想》。

儿；炒完一锅又一锅，一捆捆柴禾捅进灶膛里，土炕烫得能烙饼。玉米粒儿在拌着热沙子的铁锅里毕剥毕剥地响；我奶奶手拿着锅铲，口中念念有词："腊月初一蹦一蹦，孩子大人不得病。"花生、瓜子、玉米花儿炒熟了，装在簸箕里，到院里晾脆，然后端进屋来，一家人团团围坐，大吃大嚼。吃得我食火上升，口舌生疮，只得喝烧煳了的锅巴泡出的化食汤。化食汤清净了胃口，烂嘴角的食火消退，又该吃腊八粥了。小米、玉米糁儿、红豆、红薯、红枣、栗子熬成的腊八粥，占全了色、味、香，盛在碗里令人赏心悦目，舍不得吃；可是吃起来却又没有个够，不愿放下筷子。喝过腊八粥，年味儿更浓重。卖糖葫芦的小贩穿梭来往，竹筒里抽签子，中了彩赢得的糖葫芦吃着最甜。卖挂落枣儿的涿州小贩，把剔核晒干的老虎眼枣儿串成一圈，套在脖子上转着吃。卖糖瓜和关东糖的小贩，吆喝叫卖，此起彼伏，自卖自夸。还有肩扛着谷草把子卖绒花的小贩，谷草把子上插满五颜六色的绒花，走街串巷，大姑娘小媳妇把他们叫到门口，站在门槛里挑选花朵。上了年纪的老太太，过年也要买一朵红绒花插在小疙瘩鬏上。村南村北，村东村西，一片杀猪宰羊的哀鸣。站鸡笼子里，喂养了一个月的肥鸡，就要被开刀问斩。家家都忙着蒸馒头和年糕，穷门小户也要蒸出几天的豆馅团子。天井的缸盖和筛子上冻豆腐，窗沿上冻柿子，还要渍酸菜。妇女们忙得脚丫子朝天，男人们却蹲篱笆根晒太阳，说闲话儿。腊月二十三过小年，香烛纸马送灶王爷上天。最好玩的是把灶王爷的神像揭下来，火化之前，从糖瓜上抠下几块糖粘儿，抹在灶王爷的嘴唇上，叮嘱他上天言好事，下界才能保平安。灶王爷走了，门神爷也换岗了，便在影壁后面竖起天地杆儿，悬挂着一盏灯笼和在寒风中哗啦啦响的秫秸棒儿，天地杆上贴一张红纸："姜太公在此。"邪魔鬼祟就不敢登门骚扰了。腊月三十的除夕之夜，欢乐而又庄严。阖家团聚包饺子，谁吃到包着制钱的饺子最有福，一年走红运。院子里铺着芝麻秸儿，小丫头儿不许出屋，小小子儿虽然允许走动，却不能在外边大小便，免得冲撞了神明。不管多么困乏，也不许睡觉；大人给孩子们说笑话，猜谜语，讲故事，这叫守岁。等到打更的人敲起梆子，梆声中才能锅里下饺子，院子里放鞭炮，门框上贴对联。小孩子们在饺子下锅之前，纷纷给老人们磕辞岁头，老人们要赏压岁钱。男孩子可以外出，踩着芝麻秸到亲支近脉的本家各户，压岁钱装满了荷包。天麻麻亮，左邻右舍拜年的人已经敲门。开门相见，七嘴八舌地喊嚷着："恭喜，恭喜！""同喜，同喜！"我平时串百家门，正月初一要给百家拜年。这不仅是为了尊老敬上，也为了欣赏各家的对联词句。一出门，便看见"抬头见喜"四个大字。牲口棚上写着"槽头兴旺"，猪圈上写着"肥猪满圈"，大车上写着"车行千里路，人马保平安"。大门上的对联形形色色，我家年年是："忠厚传家久，诗书继世长。"平日我最喜欢的一副对联："南通州北通州南北通州通南北，东当铺西当铺东西当铺当东西"，却因"当"字不吉而上不了门板。深为遗憾引发了文思冲动，我把下联改为"金运河银运河金银运河运金银"。对仗虽不工整，立意却有出新，竟被写对联的先生采用，以丰腴肥厚的颜体字写出，张贴在门面上人前显贵。也许，这副下联应算我公开发表的第一行作品。

回忆起50年前的童年往事，多么津津有味！我虽已是货真价实的"刘老残"，活泼的童心半个世纪之后却仍欢蹦乱跳。好一个老小孩儿！

1993 年 1 月

少年文侠①

我 10 岁到通州城内念高小，级任戴鸿珍老师是通州女子师范毕业生，回民。戴老师擅长算术教学，国文课却不如算术课教得好；她在思想上也是重算术而轻国文的。

第一堂作文课，戴老师命题。出了一个什么题目，我现在已经想不起来了。反正是引不起我的兴趣；于是，我便不作。别的同学都已经动笔，我却不打开墨盒，也不展开作文本，只是坐在椅子上失神发呆。

"刘绍棠，你怎么不作呀？"戴老师问我。

"不会作！"我歪着头回答。

---

① 原题为《通州模范小学的"文侠"》。

"别人都能作，你怎么就不能作呢？"

"我觉得这个题目没意思。"

戴老师火了："什么题目才算有意思？"

"我自己给自己出的题目。"

"依你，写！"

"我在课堂上写不完。"

"你想到堂下抄别人的吧？"

"您发现我抄别人的，打我的手板。"

"好！"戴老师忿忿地同意了，"我看你写得怎么样再说。"

我在课堂上构思，晚自习便写起来，题目叫《西海子游记》，连写了五册作文本。

我们的学校，坐落在通州城内西海子东岸，我常到这百亩碧水的柳阴翠堤上玩耍，也曾下水凫来凫去，惹得警察把我脱在岸上的衣裳扔到树梢上。我对西海子的风光景色十分喜爱，因而下笔千言。

我把这篇作文送交戴老师审阅，戴老师读后给我打了满分，从此便允许我自由命题，不必当堂交卷。

当时，学校有一个佳作栏，类似墙报，由一位爱好文学的国文老师主编；每周将各班的优秀作文集中起来评选，入选者重新誊写，画上题图尾花，张贴公布于大墙上。戴老师很爱面子，每次作文都要叮咛我："刘绍棠，想个好题目，写得好一点，争取每周都有咱们班的佳作上墙。"

呵，那时候自己的作文能上佳作栏，比今天获得这个那个大奖和溢美之词的赞誉，更令人感到喜悦和激动。

不久，通州潞河中学的三位学生创办油印杂志《益智》周刊，读者主要是城内各小学的高年级学生，每期发行数百份。《益智》周刊选登我的作文，后来又连载我模仿刘大白先生的《三儿苦学记》的小说《飘零》。戴老师感到脸上光彩，却又声严色厉地对我说："刘绍棠，别光顾了在《益智》周刊上出风头，还得把课堂上的作文写好！"戴老师喜欢打人，我不敢在课堂作文上偷工减料。

然而，我还是挨了打。

那时，除了两周一次作文以外，每天还要写一则日记，算是课外作业。戴老师新婚，常回北京家中与丈夫团聚。我是班长，她便委我以代阅的重任。我觉得有机可乘，便从中捣鬼，不但自己不写，还免除了一些要好同学的"劳务"。不料，有一天戴老师忽然检查我的作业本，发现我一连数日都未写一字，气得当众对我进行严惩，以杉木板子的窄面打我的手心，格外疼痛。

对于我的习作，戴老师并没有给予多少直接帮助，但是她能对我实行创作民主，在我产生不良倾向时又能及时予以规整，使我没有走入歧途，是应该感念不忘的。

我常常偷偷到通州万寿宫大街听评书，渐渐地，听书不过瘾便买武侠小说来读。戴老师是严禁学生阅读武侠小说的。我不但违禁偷阅，而且暗中写起武侠小说来。我给全班同学都分配了角色，有的是侠客义士，有的是绿林响马，每人又都有一个江湖绰号，逐日编写一个故事，同学们争相传看。

1947年初夏时节的一个下午，通州模范小学五年级甲班教室里，一个剃着光葫芦头的11岁的男孩，身穿一条蛛网背心，一条打补丁的短裤，趴在临窗的一张课桌上，挥汗如雨，笔走如飞，正在写作一部就地取材而又异想天开的武侠小说。他的前后左右，高高矮矮、胖胖瘦瘦的小学生，伸长脖子，瞪圆眼睛，围了个风雨不透。

"文侠，你把玉面银蝶写得够多了，该写我啦！"一个虎头虎脑的男孩子，急不可耐地搓手跺脚。

"不行！还得给我写一段。"那个被命名为玉面银蝶的学生，也粗脖子红脸地喊叫，"我要跟龙虎太保大战三百回合，不分高低上下。"

于是，七嘴八舌，各不相让，教室里吵得像蛤蟆坑。

"要知后事如何，且听下回分解。明天再写！"光葫芦头小男孩把笔一扔，揉搓着累得酸痛的腕子。

七手八脚争抢光葫芦头小男孩面前那写得密密麻麻的稿本，都想先睹为快。

"不要抢啦！"龙虎太保大喝一声，"文侠，你念给大伙儿听。"

光葫芦头小男孩满面得意神气，清了清嗓子，刚才还是鸡吵鹅斗，一霎时鸦雀无声了；于是，他便以说书人的腔调，朗读起来。

这个11岁被称为"文侠"的光葫芦头的小男孩，便是当年的我。那时，我从运河滩上的儒林村来到县城念高小，已经一年了。

我的家乡，盛产说书艺人，其中有一位田万顺，全家都说书，而且桃李满京东。此外，还有不少业余爱好者，挂锄时节歇伏，冬至到春分的农闲三月，也开场表演。我从四五岁听说书就上瘾，到县城念书，万寿宫大街上，茶馆、酒肆、撂地摊儿，都有说书艺人演出。但是，我是住校生，除了星期日，平时不许走出校门。书瘾难熬，中午溜出学校，听上一两段，未能尽兴，又只得恋恋不舍而归；倘被发觉，违犯校规要受处罚，很不美妙。迫不得已，便偷偷阅读武侠小说；越读越如饥似渴，入了迷又开了窍，不知不觉摸到了武侠小说的路数，情不自禁地想照葫芦画瓢。

首先，就地取材；然后，异想天开。

武侠小说的地理环境，要有山有水，还要有荒郊野外的茅店、寺院、尼庵。这个好办。我们的学校，有一大片海棠树林，正可以夸张为窝藏绿林好汉的所在；校园里还有一座土堆和一座砖垛，又被我幻化为占山为王的山寨。校墙外，是西海子公园；百亩碧水，芦苇丛生，荷花满塘，更有用武之地了。有了地理环境，接着就是搭配人物。这也难不住我，同班同学几十人，我可以随便分配角色。

说书要有书胆，唱戏要有主角儿，我便扮演了穿针引线的角色。全班同学数我岁龄最小，又长得单薄，不是武侠的材料儿；然而，我的功课最好，年年考第一名，颇为自命不凡。因人设事，我在小说中把自己写成进京赶考的书生，又和行侠仗义的江湖豪杰结为知己，便也有个"文侠"的美名。当时，班上有个姓阎的同学，比我大几岁，也是个农村少年，跟我亲如手足。他力气大，打架无敌手，又是全县小学运动会的赛跑冠军，名声不小，老师们常常称赞我俩是一文一武，我便把他写成是众侠之首，绰号龙虎太保。凡是跟我俩相好的学友，我都封为侠客，赐以美称。我最讨厌的是班上一个姓单的学生。这个家伙是一家赌场和烟馆的少老板，也比我大几岁；不但喜欢在女同学面前摇头摆尾，而且还有人看见他和东门外的妓女拉拉扯扯，我便认定他应该扮演采花贼。此人脸皮比脚掌上的茧子还厚，一点也不在乎，反倒央求我多写他几回，他的脸色白中透青，一副女相，我赏给他的外号是玉面银蝶。他很感谢我抬举他，把从家里带来的大白馒头给我"上供"。他也有几个相好的，都是嘎杂子琉璃球儿，我都把他们归为匪类。有三两个性情顽皮的同学，喜欢扮演反面人物，我也满足他们的要求。武侠小说虽然主要是写剑侠贼寇，可也少不了才子佳人。不过，那时候我年幼无知，对于爱情故事不感兴趣，没有在这方面花费笔墨。然而，全书没有一个女角，便要缺乏色彩，我是知道的。有一天我跟那位玉面银蝶吵了一架，当天下午我便在小说中报复他。眉头一皱，计上心来，叫他被一位女侠打得丢盔弃甲，屁滚尿流，丢尽了脸。我们班上的几位女同学，不是弱不禁风，就是扭扭捏捏，不配扮演女侠。恰巧，我到一个同学家里串门，同院有一位铁路工人，铁路工人有个刚满周岁的女儿，乳名叫蓉仙；顺手拈来，蓉仙便成了打败玉面银蝶的女侠客。果然，那位玉面银蝶引以为奇耻大辱，哀求我把这一段撕掉。我心肠一软，撕掉了这一段，他却又造谣，说我这个文侠想娶这个蓉仙做媳妇儿，翻手给我脸上抹了一把黑，羞得好几天抬不起头。

这部武侠小说，写了一两个月，以每天两千字计算，只怕也有五六万字。舞文弄墨的兴致正浓，不料东窗事发，我这个第一篇小说竟被腰斩了。

学校规定，下午放学，走读生必须在一个小时之内离校，然后净校关门。不少走读生因为贪看我的小说，放了学不走，净校之后出不了门，便偷偷爬墙跳出去。看守校门的工友，睁一只眼闭一只眼。后来，这些同学们被我的小说迷醉得产生幻觉，自以为真个就是江湖侠客和绿林好汉，肆无忌惮，为所欲为起来。他们明目张胆地爬墙，还在墙头上追逐厮杀，大打出手。看守校门的工友忍无可忍，报告了我们的级任老师。

这一天下午放学之后，我又在临窗的课桌上纵笔驰骋，同学们又是风雨不透地围观。窗外，几棵海棠树绿阴遮窗，谁也看不见悄悄走来的人影。

级任老师破门而入，将我们一网打尽。

走读生们列队站在教室门外，级任老师一个个痛加申斥，当众把我那个武侠小说的稿本扯碎。走读生们被宽大释放，级任老师又押解我到宿舍，查抄没收了我收藏床下的十几本武侠小说。

从此，我跟武侠小说一刀两断地告别了。

然而，不知不觉中我走上了文学创作的道路。

怀念恩师胡先生①

　　我深深怀念我的班主任胡泽生先生，他又是我的数学老师。

　　他是保定府人，哪一县我就不知道了。1919 年，他正在北京大学数学系读书，参加了五四运动，而且是火烧赵家楼、痛打卖国贼章宗祥的勇士之一。但是，老先生对我讲过，他当时只不过是热血沸腾，并没有革命思想，发泄了满腔愤怒之后，到东安市场的小饭摊上吃了两碗豆腐脑儿，又回学校做功课去了。

　　胡先生为人刚正，但是秉性中和。他的儿女众多，都是共产党员；有的在抗日战争时期就参加了革命，入

---

　　① 原题为《胡先生支持我写小说》。

了党。他自己，一生是个散淡的人。

我做胡先生的学生的时候，胡先生已经50多岁了。他的身体魁梧胖大，紫糖大脸，剃光头，声音浑厚，喉音很重，走路四平八稳，很像一位田舍翁。老先生年高德劭，却喜欢穿学生装，不肯穿长衫，也许是想在衣着上保存五四运动的朝气。他与师大附中的傅种孙先生（擅长几何，后任北京师范大学副校长）、四中的马文元先生（擅长代数，后任武汉测绘学院教授）并称北京中学界的数学三杰。胡先生擅长三角，所以绰号胡三角。他曾任北京市立高工、四中、二中的教务主任，几个大学都聘请他当教授，他却辞而不就。记得，我还劝过他接受聘请，他呵呵笑道："我教中学，越教越胖，为什么要到大学去，越教越瘦？"

由于我入学考试的三门课程（国文、算术、常识）都得一百分，算术的成绩更显得突出，又是个剃光头的农村孩子，胡先生便对我产生了偏爱；虽然我在全班年龄最小，人不压众，他却指定我为班长，因而接触较多。胡先生认定我有一颗数学脑瓜，一心想把我栽培成他的得意高足。

胡先生讲课，就像聊闲天。他走上讲台，师生行礼已毕，便从古今中外到人生琐事，街头见闻到读书偶得，慢言慢语地聊起来，不知不觉中言归正传。他讲得深入浅出，幽默风趣，我们听得津津有味，也在不知不觉中潜移默化。

他希望我热衷数学，我却有负他的期望，爱好起文学来了。我感到心中有愧，不敢跟他接近了；他发现了这个变化，把我找去，问我是怎么回事儿。我从实招来，他笑了笑，说："人各有志，岂可强求？也许你更适合搞文学。不过，朱子说过，一为文人，便无足观，这是要引以为戒的。"胡先生虽是一位数学家，但是也很通晓文史，训诫弟子时，常常引经据典。

我的习作不断在报上发表出来，对于文学就更上了瘾。每天晚自习，匆匆做完作业，便在课桌上写小说，这是不合法的。胡先生并不住在校内，他的家与学校相隔几条胡同，但是他每天要等学生下晚自习，熄灯就寝后，才回家去。胡先生查堂，见我正写小说，不但不加干涉，而且悄悄站在我的背后，俯下身子观看，只是常常矫正我的写字姿势，说："眼睛离纸远一点，不然要近视的。"

在胡先生的关心和爱护下，我从 13 岁到 14 岁的上半年，习作进步很快，接连发表小小说和短篇小说，其他各门功课也没有荒疏。

1951 年 2 月，我到河北省文联工作，半年后又被保送到通县潞河中学念高中，从此便跟胡先生失去了联系。

1953 年 6 月，我入党之后，又出版了第一本短篇小说集《青枝绿叶》；我十分想念胡先生，便从通县坐火车到北京，向胡先生汇报师生分别两年来的情况。那是一个下小雨的星期日，我来到胡先生过去的住处，同院的邻居告诉我，胡先生已于 1952 年逝世，胡师母也到在河南工作的女儿家去了。

我从胡先生的旧居走出来，站在雨里，忍不住哭了。我冒雨步行十里，走回前门车站，一路走一路默默流泪；到前门车站已经全身湿透了，我带着无限的凄伤返回通县。

中国人是尊师重道的，这是我们民族的传统美德。一字之师，终身难忘；何况这些在我的童年和少年时代，以他们的道德和学问培育过我的恩师呢？

1982 年 6 月

潘先生教我学古文

升入初中，教我国文课的潘逊皋先生，白洋淀人。他是三十年代北京大学国文系毕业生，清末翰林潘龄皋的堂弟，古文学识渊博。

我和潘先生已经阔别多年了，但是潘先生那温和敦厚，可亲可敬的形象，仍然清晰如初地留在我的记忆里。他个子不高，穿一身半旧蓝布长衫，戴一副深度近视眼镜，头发已经稀疏，站在讲台上，满面和蔼的微笑。潘先生的神态举止，使我觉得他很像朱自清先生在《背影》中描写的父亲。

也许因为我这个满身土气的乡下孩子在五千考生中抢了个第一名，又由于个子小而坐在第一排，从第一堂课我就引起了潘先生的注意。每一堂课，潘先生都喜欢对我进行提问；在我回答问题的时候，潘先生从镜片后面笑眯眯地望着我的脸，目光中充满慈爱。

潘先生讲授古文，绘声绘色，津津有味，如醉如痴，完全进入文章中所描写的境界。时至今日，我写这篇短文的时候，又仿佛看见潘先生在讲台上，一唱三叹地吟诵欧阳修的《醉翁亭记》："环滁皆山也。其西南诸峰，林壑尤美。望之蔚然而生秀者，琅琊也。山行六七里，渐闻水声潺潺而泻出于两峰之间者，酿泉也。峰回路转，有亭翼然临于泉上者，醉翁亭也。……"我坐在讲台下，情不自禁地也轻声低诵起来。潘先生不但不生气，反倒笑呵呵地说："对，对！学古文，就要多读，多念。"至今我有独自高声朗读古文、诗、词的爱好，便是少年时代接受潘先生的影响而养成的习惯。

潘先生住在学校的一间斗室，住宿生下晚自习到熄灯就寝，还有三十分钟的自由活动时间，我常常跑到潘先生的宿舍聊天。十回有八回，潘先生坐在床沿上，两脚泡在脚盆里，手中却捧读一本书。我进屋去，潘先生便拔出脚来，光着水淋淋的双脚，从放在小书桌上的暖壶里给我倒一杯白开水，然后仍回床沿，脚泡盆中，跟我谈话。我年幼无知，一个接一个地提出许多愚蠢的问题。比如，李白的诗好还是杜甫的诗好，韩愈的文章好还是柳宗元的文章好，苏洵、苏轼、苏辙父子谁最棒，等等。潘先生笑出了眼泪，同时命我拿取一本书来，为我讲解李、杜、韩、柳、三苏诗文的各有千秋，这等于是在古文教学上给我吃偏饭，使我深受教益。

潘先生不大看重现代文学，讲授课文中的现代文学作品，不像讲授古文那样有兴致。但是，我记得，他独为推崇鲁迅先生。如果不是潘先生深刻分析鲁迅先生的散文《秋夜》中的名句："在我的后园，可以看见墙外有两株树，一株是枣树，还有一株也是枣树。"我只觉得这些名句平淡无奇，不知其中淡而幽深的韵味。然而，潘先生又对我说："鲁迅先生的文章好，因为他的古文造诣高。"原来潘先生评价现代文学作品，仍然念念不忘古文。

对于作文，潘先生非常强调"文章"二字的含义。我旧习不改，请求自由命题，潘先生面有难色，沉吟半响，才点头同意。不过，又预先声明："自由命题是要扣分的。"我只想争取自由，分数倒不计较，便写了一篇小说交卷。谁想，发还作业一看，潘先生不但没有扣分，而且给这篇小说打了高分。在讲评课上，潘先生还当着全班同学的面，像吟诵古文那样朗读了这篇小说，大加赞赏。下课后，我想听一听潘先生的指教，潘先生含笑摇头，说："我不懂得怎样写小说，所以除了纠正几个错别字，一句未改，有一些农村土话，我不明其意，画了问号。"但是，我不依不饶，潘先生凝神思索了一会儿，说："我想，要写好小说，也要学好古文吧。"

我记住了潘先生的这句话。在几十年的文学创作生涯中，我越来越懂得，汲取古典文学精华的重要性。

1982 年 5 月

最难忘北大图书馆

1991年10月，北京大学图书馆将庆祝建馆九十周年，准备出版一个纪念册。编委会给我来信，要我写一篇短文，编入其中。

1954年我考入北大中文系，在文学专业学习。当时，北大已从城内沙滩红楼迁到西郊燕京大学旧址。但是，我进校后，最想看到的还是老北大的名胜古迹。北大图书馆当年李大钊和毛泽东同志的工作室，鲁迅先生当年讲授《中国小说史略》的教室，是我心目中的圣地。我在瞻仰和拜谒了这两个"圣地"之后，才感到自己是名副其实的北大学生了。

当时我已出版了两部短篇小说集。进入北大学习，仍然不能忘情于创作。于是，1955年秋我被调离北大，到共青团中央当了专业作家。离开北大后最令我难忘的是图书馆。因为我在北大短短的一年里，"泡"图书馆的时间最多。

我曾出入图书馆的主楼，但大部分时间是待在文史专业同学使用的第三阅览室。哪怕是两节课程之间的一段休息时间，我也到第三阅览室坐一坐，翻阅各种报刊。

每天晚上自习，都在阅览室。为了抢占座位，必须提前一个来小时等在门外。时间一到开了门，同学们便蜂拥而入。我这个人缺乏等待的耐心，更缺少抢攻在前的能力，只能依靠捷足先登的同班同学给我占座。我晚上在阅览室，主要是整理白天的课堂笔记，写作课堂讨论发言稿和学期论文。根据讲课教授布置的参考书目，借阅古今学术名著，进行摘抄、对比、选择、判断。

我的课堂讨论发言稿和学期论文，虽然非常用心，很下功夫，但是常常发挥我写小说的想象力，又喜欢表现独到见解。因此，难免有苏东坡的"想当然耳"，有点郭沫若派头儿。教我先秦文学的游国恩先生，是一位讲究考证和极重论据的大学者，因而不怎么欣赏我的学风和文风。

我在北大还写了不少小说。图书馆宁静无声，最令人全神贯注，便成了我的创作室。至今仍被称为我的代表作之一的中篇小说《运河的桨声》，就是写于北大图书馆。

未名湖畔，花间树下草地上，也是我的露天创作间。

我已衰老，重病致残。回忆往事，百感交集，悲从中来，笔不胜情。倘能时光倒转，重回 38 年前，让我再念一回北京大学，我一定珍惜寸金光阴，在图书馆做出更多的学问，摘取更大的成果。

太阳下山明天依旧爬上来，花儿谢了明年还是照样开，我愿我的生命之树常青。

1991 年 10 月

忆杨晦先生

杨晦先生与世长辞了。

二十九年前，我在北京大学中文系读书，杨先生是我们的系主任，给我们讲授"文艺学"。早在一九四九年十月，我念初中二年级，到北大三院礼堂参加纪念鲁迅先生逝世十三周年大会，就听过杨先生的讲话。我至今记得，杨先生当时身上披着一件灰布的棉军大衣。稍长，我更知道了杨先生是五四运动中首先冲入赵家楼、痛打卖国贼的勇士之一，是著名的文艺理论家和教育家，是在现代文学史上占有重要地位的《沉钟》社的主要成员。因而，我从少年时代，就很崇敬杨先生。

入学以后，我被分到文学专业，杨先生找我到他家里谈话。我来到燕东园杨先生一家居住的小楼，杨先生怀抱着他的小儿子，和我在客厅里亲切交谈。他说，他知道我已经发表了不少小说，出版了两本短篇小说集，但是这只算是小作家，如果想取得更大的成就，必须同时又是一个学者，并且列举古今中外的大作家无一不是学识渊博为证。杨先生希望我安心学习，为将来取得更大成就，在学识上打下深厚的基础。

后来，我申请离开北大，由团中央保送我到当时中国作家协会主办的文学研究所学习三年。杨先生很不同意，很不高兴，先后两次把我叫到家里批评我不听话，发了脾气。不久，高教部批准了我的申请，北大教务处在给我开据的退学证明书上，还给我保留回北大复学的权利，这是非常破例的待遇。当时，杨先生兼任北大副教务长，不知是不是杨先生的一片苦心。后来，我也没有重返北大继续学习。从此，和杨先生一别二十多年，只在一九五七年十月的一次大会上，见过一面。

一九七九年十月下旬，召开全国第四次文代会，我和杨先生都是北京作家代表团的代表。这时，杨先生已经八十高龄，视力和听力大大减退，身体多病；师母已经逝世，子女或已工作，或上大学，身边无人照顾。我很为老师的晚景难过。报到那天，我急忙到杨先生的宿舍，拜望多年不见的老师。宿舍里只有杨先生一个人，坐在床沿上。我走上前去，行了礼，说："先生，我是绍棠。"杨先生非常激动，握住我的手说："五七年我在大会上批评你，很对不住你。"我的身心猛烈一震。在我的伦理道德观念中，老师如同父母，即便我受了委屈，也不敢接受老师的道歉。我忙说："先生，您主要是批评我不听话，当时我也有错误。"整个文代会期间，我和谢冕负责照顾杨先生和朱光潜先生。这两位八十老人却都力争生活自理，不肯麻烦我们。

这几年，我每出版一本书，都要呈赠北大的几位老师。老师们都年事已高，又忙于学术研究和带研究生，我的用意，只是应尽弟子之礼，并不想要求老师为看我的小说而花费宝贵的时间。想不到杨先生不但看了我的中篇小说集，而且看了我的长篇小说《地火》，鼓励我致力乡土文学和民族风格。一九八二年七月，我接到杨晦先生的儿子杨镰同志的来信。信上说：杨先生看了我的中篇小说《小荷才露尖尖角》，非常喜欢，向我祝贺。杨先生由于带四个研究生，正在进行论文答辩，不能亲自写信，嘱他代笔。杨先生希望我抓紧年富力强的黄金时代，多写，写好。

读完杨镰同志的来信，我的心情一连激动了几天，深深感到不安。《小荷才露尖尖角》三万多字，发表在杂志上，小五号字排印，八十三岁的杨先生读起来是多么困难，要花多少时间。中国的师道，是要对自己的学生关心一辈子的。杨先生正是念及我是他的学生，才如此耗费时间和精力。尊师重道的民族美德，怎能不继承和发扬！

正是这个时候，我认识到自己的不足和贫乏：要想跳过新的高度，学识不够。杨镰同志代笔的来信，使我愧悔。因此，我在《开创文学创作的新局面》一文中，写下了杨先生当年对我的教诲和我今天的悔悟。

今年五月，我把我的散文短论集《乡土与创作》寄给我的老同学，请他们转呈杨先生。谁想杨先生已经病重入院，五月十四日逝世，没有能够看一眼这本小书。失去良师的教导和关怀，我是十分悲痛的。

六月三日，我参加杨先生的追悼大会。参加追悼大会的人有他多年的同事和友好，绝大多数是他执教六十年的各个时期的学生。我和我的同学们回忆往事，无不感念杨先生的教化之恩。我们向杨先生的遗像行礼的时候，眼里都充满泪水。我们虽然向杨先生做最后的告别，但是杨先生的高尚人格永远活在我们的心里。

杨先生桃李满天下，弟子何止三千人？每个学生倘能继承杨先生的一部分思想、道德、学问和精神。那么杨先生的遗风将得到发扬光大，广泽后人。

1983 年 7 月

我那生身之地充满了野味儿

　　小家碧玉的温榆河，儿马蛋子的箭杆河，在通州城东北角合二而一，南下天津卫，二百八十里，便是大名鼎鼎的北运河。一路上九曲十环二十八道弯儿，忽然一头撞在几大堆翠柳白沙高岗上，河身拐了个弓背，就像伸出双手搂住一大片河滩，便是被我写了大半辈子的运河滩。河滩上的河汊子七出八进，好似一条青藤百道绿蔓儿，沿河大大小小的村落，又像满天星的早花西瓜。大村二三百户，小村四五十家。我那生身之地儒林村，是小中之小：三十六座门楼，七十二个户头，一百零八个灶台。它坐落在翠柳白沙高岗外，紧傍着河边，弓背的一角。

　　每个村子的来历，都是口头相传。一传十，十传百，百传千，千传万，一代又一代；每过一人之口，每一代承上启下，都有所增删润色，艺术加工。所以，村史并非信史，不可不信，也不可全信，应该归于野史稗闻，或民间口头文学范畴。相传儒林村本是清朝初年跑马占圈的旗地，主人是正黄旗的皇室旁支，可能是多尔衮王爷的一个庶出儿子，名叫"如意"，又叫"如意带子"。这块河滩地被圈占以后，并没有开垦种田，只是每年入伏，青草长得一人高，十来个家奴马夫，牵着如意带子的12匹走马，到这里放牧吃青。十来个马夫搭一座窝棚，住到草枯树黄的深秋时节，便牵着膘肥腿壮的走马回北京了。过了几年，如意带子的一个爱妾所生的女儿出嫁，这块河滩地当成妆奁，算是这位千金小姐的脂粉地。十来个马夫不放马了，犁耧锄镰，牵牛赶驴，日出而作，日入而息，给这位如意带子的千金小姐垦荒熟地，种的是五谷杂粮，栽的是瓜果梨桃；每年的收入，便是千金小姐搽胭脂抹粉的费用。后来，众人娶妻生子，于是便立户成村了。六亲九族，外来移民，三五成群，四面八方，越聚越多，小村一天天大起来。村名原叫"如家林"，叫白了又称"如林"。五十年代人民政府修订地名，才正式称为儒林村。

儒林村方圆左右，三分之一是终年积雪似的沙滩，三分之一是白花花的盐碱地，三分之一是一片片浅水洼子。沙滩虽然干燥，却是夜潮地，生长出连绵起伏的红皮柳棵子；浅水洼子里更是蒲苇丛生；盐碱地也并不是寸草不长，到处也有一簇簇、一丛丛的乍蓬、牛蒡、蒺藜狗子，开放着米粒大小的花朵。大河从沙滩和浅水洼子之间流过，公路从沙滩和盐碱地之间穿过。从阳春三月到中秋八月，这里的风景是一幅水彩画，花、草、树、水、土，都色彩鲜明，充满野味儿，令人心野。有个风吹草动，惊起沙滩上柳棵子地里成百上千只鸟儿，一窝蜂纷飞上天，白云中一片啼鸣，像笙、管、笛、箫的合奏，阳光下的花翎熠熠闪光，像一大幅五颜六色的织锦。鸟影遮住了天，地上一片幽暗，盐碱地草丛里的绿蚂蚱和红蜻蜓也慌乱起来，飞的飞蹦的蹦，绿的绿红的红。

龙头凤尾北运河①

从天津到我们通州这一段运河，历史上称作北运河。我的父老乡亲们另有爱称，管它叫"铜帮铁底运粮河"。

"铜帮铁底"是夸张了点儿，可这是儿女对养育自己的母亲的赞美，那么这四个字就一点也不过分了。

大运河从北到南，北运河是大运河的龙头；大运河从南到北，北运河就是大运河的凤尾。整个大运河的风水都聚汇到了这儿，我们家乡人民怎能不以大运河的凤子龙孙自居？

想当年，这条河上，光是运粮的漕船，每年就有将

---

① 原题为《寻根》。

近两万艘，押运漕船的官兵 12 万人次；连同官府的水师船和大量的商船，多达 3 万艘。这是古书上写的。如果算上沿河村庄的打鱼船、摆渡船和短途运输船，那就多乎哉如过江之鲫了。

京广、津浦两条铁路通了车，夺走了大运河那"只此一家，别无分号"的生意，北运河上的船一下子少多了。后来，又有了京津公路，北运河也就更加萧条。不过，倒退 50 多年，在我的童年时代，北运河上也还有货船和渔船过来过去。我在小说中所写的情景，都是我亲眼得见，不是无中生有。是兵荒马乱的战争岁月和生态平衡遭到破坏，造成北运河的衰落。

北运河上的南来北往的千帆万船，已被京津公路上往返奔驰的卡车、轿车、客车、吉普车和各种型号的拖拉机所代替。京津公路上的车流滚滚，不能不使人联想当年那三万艘漕船、商船、水师船在北运河上扬帆竞进的盛况。但是，车越来越多，京津公路也就显得越来越窄；开车的一出城圈儿，就像摘了笼头的野马，京津公路可就变成北京大栅栏了。

北运河的水是从哪儿来的？天上掉下来的，山里头跑来的。每年一入伏，瓢泼大雨连阴天，鞭杆子雨铺天盖地，竹帘子雨包天裹地，牛毛细雨点点入地，下得大河满了槽。这时，又山洪暴发，冲出燕北的崇山峻岭，直奔平原一泻百里，冲决了堤岸，淹没了田野和村庄。我小时候，年年不是大涝就是小涝，树梢上挂水藻，原野上一片汪洋。男女老幼被大水冲得漂流四散，在水中抱着檩条子，坐着大筐箩，揪着牛尾巴，拼命挣扎想死里求生，还有的坐在被连根拔起的大麦秸垛上，喊哑了嗓子向岸上呼救……

所以，历代都在北运河上修建闸坝。清代的屈家坝遗址，还留存着康熙皇帝手书的《导流济运》碑文。竣工之日，这位万岁爷还亲赴现场阅坝。康熙皇帝多次到过北运河，写了不少诗。他那个喜欢舞文弄墨的孙子乾隆皇帝，为北运河而写的诗更多。文人雅士抒写北运河的诗文不计其数，明代大戏剧家汤显祖的《玉茗堂集》中便有一首，而且就是吟咏我的生身之地的那段河上的风光景色。

北运河上接通惠河，直通北京城内，下连海河，向南直达江淮各地。通州是漕运和海运入京的仓储和转运之地。史书可考，"漕运至于京师者，一岁多至三百万余石"，可供近百万人一年食用。五岭南北的"广货"，川黔地区的"川货"，以及沿海一带的"洋货"，源源运到通州，转运北京。塞北的皮毛、牛羊，也多运抵通州，转运南方各省。繁荣的经济和发达的贸易，重要的地理位置和交通优势，遂有一京（北京）二卫（天津）三通州之美誉。

为了漕粮储存和转运的需要，通州从元朝就开始设仓，储粮数百万石。现在，我们还可以看到当年漕运码头的土坝和东仓的旧址。

那时，通州城内设有漕运总督府。总督官居一品，又是个肥差。进京入阁拜相，不如蹲在通州管钱粮。三年清知府，十万雪花银；漕运总督捞到腰包里的不是雪花银十万、百万两，而是日进斗金，三年搬回家一座金山。七品县令，五品知州，通州代管京东八县，俗称"京门脸子"。

第二辑 小说卷

蒲柳人家（节选）

1

七月天，中伏大晌午，热得像天上下火。何满子被爷爷拴在葡萄架的立柱上，系的是拴贼扣儿。

那一年是一九三六年。何满子六岁，剃个光葫芦头，天灵盖上留着个木梳背儿；一到立夏就光屁股，晒得两道眉毛只剩下淡淡的痕影，鼻梁子裂了皮，全身上下就像刚从烟囱里爬出来，连眼珠都比立夏之前乌黑。

奶奶叫东隔壁的望日莲姑姑给何满子做了一条大红兜肚，兜肚上还用五彩细线绣了一大堆花草。人配衣裳马配鞍，何满子穿上这条花红兜肚，一定会在小伙伴中间出人头地。可是，何满子一天也不穿。

何满子整天在运河滩上野跑，头顶着毒热的阳光，身上再裹起兜肚，一不风凉，二又窝汗，穿不了一天，就得起大半身痱子。再有，全村跟他一般大的小姑娘，谁的兜肚都没有这么花儿草儿的鲜艳，他穿在身上，男不男，女不女，小姑娘们要用手指刮破脸蛋儿，臊得他找个田鼠窝钻进去；小小子儿们也要敲起锣鼓似的叫他小丫头儿，管叫他一辈子抬不起头。

何满子不穿花红兜肚，奶奶气得咬牙切齿地骂他，手握着擀面杖要梆他，还威吓要三天不给他饭吃。原来，这条兜肚大有讲究。何满子是个娇哥儿，奶奶老是怕阎王爷打发白无常把他勾走。听说阎王爷非常重男轻女，何满子穿上花红兜肚，男扮女装，阎王爷老眼昏花地看不真切，也就起不了勾魂索命的恶念。

何满子的奶奶，人人都管她叫一丈青大娘。大高个儿，一双大脚，青铜肤色，嗓门也亮堂，骂起人来，方圆二三十里，敢说找不出能够招架几个回合的敌手。一丈青大娘骂人，就像雨打芭蕉，长短句，四六体，鼓点似的骂一天，一气呵成，也不倒嗓子。她也能打架，动起手来，别看五六十岁了，三五个大小伙子不够她打一锅的。

她家坐落在北运河岸上，门口外就是大河。有一回，一只外江大帆船打门口路过，也正是歇晌时分。一丈青大娘站在篱笆外的柳荫伞下放鸭子，一见几个纤夫赤身露体，只系着一条围腰，裤子卷起来盘在头上，便断喝一声："站住！"这几个纤夫头顶着火盆子，拉了百八十里路，顶水又逆风，还没有歇脚打尖，个顶个窝着一肚子饿火。一丈青大娘的这一声断喝，他们只当耳旁风。一丈青大娘见他们头也不抬，理也不理，气更大了，又吆喝了一声："都给我穿上裤子！"有个年轻不知好歹的纤夫，白瞪了一丈青大娘一眼，没好气地说："一大把岁数儿，什么没见过；不爱看合上眼，掉过脸去！"一丈青大娘火了起来，挽了挽袖口，手腕子上露出两只叮叮当当响的黄铜镯子，一阵风冲下河坡，阻挡在这几个纤夫的面前，手戳着他们的鼻子说："不能叫你们腌臜了我们大姑娘小媳妇的眼睛！"那个不知好歹的年轻纤夫，是个生楞儿，用手一推一丈青大娘，说："好狗不挡道！"这一下可捅了马蜂窝。一丈青大娘勃然大怒，老大一个耳刮子抡圆了扇过去；那个年轻的纤夫就像风吹乍蓬，转了三转，拧了三圈儿，满脸开花，口鼻出血，一头栽倒在滚烫的沙滩上，紧一口慢一口捯气，高一声低一声呻吟。几个纤夫见他们的伙伴挨了打，唿哨而上；只听咯吧一声，一丈青大娘折断了一棵茶碗口粗细的河柳，带着呼呼风声挥舞起来，把这几个纤夫扫下河去，就像正月十五煮元宵，纷纷落水。一丈青大娘不依不饶，站在河边大骂不住声，还不许那几个纤夫爬上岸来；大帆船失去了纤力，掌舵的绽裂了虎口，也驾驭不住，在河上转开了磨。最后，还是船老板请出了摆渡船的柳罐斗，钉掌铺的吉老秤，老木匠郑端午，开小店的花鞋杜四，说和了两三个时辰，一丈青大娘才算开恩放行。

一丈青大娘有一双长满老茧的大手，种地、撑船、打鱼都是行家。她还会扎针、拔罐子、接生、接骨、看红伤。这个小村大人小孩有个头痛脑热，都来找她妙手回春；全村三十岁以下的人，都是她那一双粗大的手给接来了人间。

不过，别看一丈青大娘能镇八方，她可管不了何满子。何家世代单传，辈辈一棵苗，何满子的爷爷就是老生儿，他父亲也是在一丈青大娘将近四十岁时才落生的；偏是何满子不同凡响，是他母亲头一胎生下来的贵子。一丈青大娘一听见孙子呱呱坠地的啼声，喜泪如雨，又烧香又上供，又拜佛又许愿。洗三那天，亲手杀了一只羊和三只鸡，摆了个小宴；满月那天，更杀了一头猪和六只鸭，大宴乡亲。她又跑遍沿河几个村落，挨门挨户乞讨零碎布头儿，给何满子缝了一件五光十色的百家衣；百日那天，给何满子穿上，抱出来见客，博得一片彩声。到一周岁生日，还打造了一个分量不小的包铜镀金长命锁，金光闪闪，差一点把何满子勒断了气。

何满子是一丈青大娘的心尖子，肺叶子，眼珠子，命根子。这样一来，一丈青大娘可就跟儿媳妇发生了尖锐的矛盾。

何满子的父亲，十三岁到通州城里一家书铺学徒，学的是石印。他学会一笔好字，也学会一笔好画，人又长得清秀，性情十分温顺，掌柜的很中意，就把女儿许配给他。何满子的爷爷虚荣心强，好攀高枝儿，眉开眼笑地答应了这门亲事。一丈青大娘却不大乐意。她不喜欢城里人，想给儿子找个农家或船家姑娘做妻子，能帮她干活，也能支撑门户。可是，她拗不过老头子，也怕伤了儿子的心，不乐意也只得同意了。何满子的母亲不能算是小姐出身，她家那个小书铺一年也只能赚个温饱；可是，她到底是文墨小康之家出身，虽没上过学，却也熏陶得一身书香，识文断字。她又长得好看，身子单薄，言谈举止非常斯文，在一丈青大娘的眼里，就是一朵中看而无用的纸花，心里不喜爱。何满子的母亲更看不上婆婆的粗野，在乡下又住不惯，一住娘家就不想回来。等生下了何满子，何满子的父亲就想在城里另立个家。一丈青大娘是个爱面子的人，分家丢脸，可是一家子鸡吵鹅斗，也惹人笑话。老人家左右为难，偷偷掉了好几回眼泪。但是，前思后想，千里搭长棚，没有不散的筵席，到了儿点了头。不过，却有个条件，那就是儿媳妇不能把何满子带走。孩子是娘身上掉下来的肉，何满子的母亲哭得死去活来。最后，还是请来摆渡船的柳罐斗，钉掌铺的吉老秤，老木匠郑端午，开小店的花鞋杜四，说和三天三夜，婆媳俩才算讲定，何满子上学之前，留在奶奶身边，该上学了，再接到城里跟父母团聚。

何满子在奶奶身边长大，要天上的星星，奶奶也赶快搬梯子去摘。长到四五岁，就像野鸟不入笼，一天不着家，整日在河滩野跑。奶奶八样不放心，怕让狗咬了，怕让鹰抓了，怕掉在土井子里，怕给拍花子的拐走。老人家提心吊胆，就像丢了魂儿，出来进去团团转，扯着一条亮堂嗓门儿，村前村后，河滩野地，喊哑了嗓子。何满子却隐匿在柳棵子地里，深藏到芦苇丛中，潜伏在青纱帐内的豆棵下，跟奶奶捉迷藏，暗暗发笑。等到天黑回家去，奶奶抄起顶门杠子，要敲碎何满子的光葫芦头；何满子一动不动，眼皮眨也不眨，奶奶只得把顶门杠子一扔，叫了声："小祖宗儿！"回到屋里给孙子做好吃的去了。不是煮鸡蛋，就是烙白面饼。

这一天，何满子的爷爷回来了。一丈青大娘跟老头子叨唠这个，嘟哝那个，老头子阴沉着脸，哼哼哈哈，一脑门子官司；一丈青大娘气不打一处来，跟老头子叫起了苦，顺口就给何满子告了状。爷爷是个风火性儿，一怒之下，就把何满子拴在了葡萄架的立柱上，系的是拴贼扣儿，跑不了更飞不了。而且，在他面前扔下一个纸盒，盒子里有一百个方块字码，还有一块石板和一支石笔，勒令他在这一个歇晌的工夫，把这一百个字写下来。

这倒难不住何满子。可是，他有生以来头一回失去自由，心里委屈而又憋闷，两眼直呆呆，双手懒洋洋，一点也没有写字的兴致。

2

何满子的爷爷，官讳已不可考。但是，如果提起他的外号，北运河两岸，古北口内外，在卖力气走江湖的人们中间，那可真是叫得山响。

他的外号叫何大学问。

何大学问人高马大，膀阔腰圆，面如重枣，浓眉朗目，一副关公相貌。年轻的时候，当过义和团，会耍大刀，拳脚上也有两下子。以后，他给地主家当赶车把式，会摆弄牲口，打一手好鞭花。他这个人好说大话，自吹站在通州东门外的北运河头，抽一个响脆的鞭花，借着水音，天津海河边上都震耳朵。他又好喝酒，脾气大，爱打抱不平，为朋友敢两肋插刀，所以在哪一个地主家都待不长。于是，他就改了行，给牲口贩子赶马；一年有七八个月出入古北口，往返于塞外和通州骡马大市之间，奔走在长城内外的古驿道上。几百匹野马，在他那一杆大鞭的管束下，乖乖地像一群温驯的绵羊。沿路的偷马贼，一听见他的鞭花在山谷间回响，急忙四散奔逃，躲他远远的。所以，他不但是赶马的，还是保镖的，牲口贩子都抢着雇他。这样一来，他的架子大了，不三顾茅庐，他是不出山的；至于脚钱多少，倒在其次，要的就是刘皇叔那样的礼贤下士。

他这个人，不知道钱是好的，伙友们有谁家揭不开锅，沿路上遇见老、弱、病、残，伸手就掏荷包，抓多少就给多少，也不点数儿；所以出一趟口外挣来的脚钱，到不了家就花个精光。

在这个小村，数他走的地方多，见的世面广；他又好戴高帽儿，讲排场，摆阔气。出一趟口外，本来挣不了多少钱，而且到家之前已经花得不剩分文，但是回到村来，却要装得好像腰缠万贯；跟牲口贩子借一笔驴打滚儿，也要大摆酒筵，请他的知音相好们前来聚会，听他谈讲过五关，斩六将，云山雾罩。他这个人非常富有想象力，编起故事来，有枝有叶，有文有武，生动曲折，惊险红火。于是，人们一半是戏谑，一半是尊敬，就给他送了个何大学问的外号。

自从他被尊称为何大学问以后，他也真在学问上下起功夫来了。过去，他好听书，也会说书；在荣膺这个尊称之后，当真看起书来。他腰里常常揣着个北京老二酉堂出版的唱本，投宿住店，歇脚打尖，他就把唱本掏出来，咿咿哦哦地嘟念。遇上生字儿，不耻下问，而且舍得掏学费；谁教他一字一句，他能请这位白吃一顿酒饭。既然人称大学问，那就要打扮得斯文模样儿，于是穿起了长衫，说话也咬文嚼字。人们看见，在长城内外崇山峻岭的古驿道上，这位身穿长衫的何大学问，骑一匹光背儿马，左肩挂一只书囊，右肩扛一杆一丈八尺的大鞭，那形象是既威风凛凛又滑稽可笑。而且，路遇文庙，他都要下马，作个大揖，上一炷高香。本来，孔夫子门前早已冷落，小城镇的文庙十有八九坍塌破败，只剩下断壁残垣，埋没于蓬蒿荆棘之中，成为鸟兽栖聚之地；他这一作揖，一烧香，只吓得麻雀满天飞叫，野兔望影而逃。

夜深人静睡不着觉的时候，何大学问也常常感到阵阵悲凉。自家祖宗八辈儿，穷得房无一间，地无一垄，都是睁眼瞎。自个儿跳跶了大半辈子，已经年过花甲，不过挣下三间泥棚茅舍，八亩河滩洼地；虽然被人尊称大学问，可从没进过学堂一天，斗大的字认不得三筐，而且只会念不会写。儿子天生文质，也只念了三年私塾，就不得不到书铺做学徒。看来，何家要出个真正大学问，只有指望孙子何满子了。可是，掂量一下自己这点财力，供他念完小学，已经是鼓着肚子充胖；而中学大学的门槛九丈九尺高，没有白花花的银洋砌台阶，怎么能高攀得上？自己已经老迈年高，砸碎了骨头也榨不出几两油来；难道孙儿到头来也要落得个赶马或是学徒的命运？

何满子也真是聪慧灵秀，脑瓜儿记性好，爱听故事，过耳不忘；好问个字儿，过目不忘。何大学问在孙子面前假充圣人，把他的那些唱本传授给孙子；何满子就像春蚕贪吃桑叶，一册唱本不够他几天念的。何大学问惊喜过望，就想求个名师指点。正巧他在赶马路上，在一座骡马大店里，遇见一位前清的老秀才，在这座骡马大店里当账房先生，写一手魏碑好字；店里生意冷清，掌柜的打算辞退这个穷儒。何大学问脑瓜子一热，就礼聘这位老秀才到他家教专馆，讲定教一个字给一个铜板。

老秀才来到何家，就在葡萄架下开讲。他高高在上，坐一张太师椅，手拿一杆斑竹白铜锅的长杆烟袋；何满子低首俯身，坐个蒲团儿，面前一张小饭桌，就像被老秀才踩在脚下。老秀才整天板着一张阴沉沉的长脸，何满子抬头一看，只觉得头上压着一朵乌云，叫人喘不过气。老秀才又酸气冲天，开口诗云子曰，闭口之乎者也，何满子只觉得枯燥乏味，更加闷闷不乐。他本是个整天跑野马的孩子，从早到晚关在家里，难受得屁股下如坐针毡，身上像芒刺在背。念着书，一听见篱笆外柳树梢上莺啼燕啭，就想噘着嘴唇学鸟叫，念书跑了调儿；一听见门外过往行船的纤歌声，心里就七上八下，想跑出去看一看，念书走了神儿。老秀才的眼睛尖得像锥子，一见他的身子动了动，就伸出斑竹白铜锅的长杆烟袋，敲他的光葫芦头；每敲一下，就肿起一个枣子大的青包，何满子恨透了老秀才。一丈青大娘见孙子天天挨打，心疼得就像一块一块剐肉；只有何大学问认定不打不成材，非但不怪罪老秀才学规森严，而且还从旁给老秀才呐喊助威。何大学问每天招待老秀才三顿净米净面，外加一壶酒；这个局面，穷门小户怎能支撑得住？不到一个月，何大学问就闹了饥荒，拉下了斗大的亏空，只得又去赶马。

何大学问一走，何满子就像野马摘了笼头；天不亮，头顶着星星，脚蹚着露水，从家里溜出去，逃开了学。一丈青大娘早就腻歪了老秀才，先断了每天一壶酒，又撤了一天三顿净米净面。老秀才混不下去了，留下了几百个方块字码，索取了几百个铜板，忿忿而去。

这时，西隔壁那个在通州潞河中学念书的周檎，放暑假回来，何满子整天跟这位洋学生形影不离。何大学问赶马回来，一见老秀才走了，很觉得过意不去，埋怨一丈青大娘头发长，见识短；但是，一见何满子跟着周檎学会了一大堆字儿，还不花一文钱，又不禁转怒为喜了。

何大学问也不是不疼爱孙子。他每趟赶马回来，一心盼家，最大的盼头就是享受天伦之乐。他满脸胡茬，就像根根松针，最喜欢磨蹭孙子的脸蛋儿，逗得孙子吱儿喳乱叫，笑成一团儿，打成一团儿。而且，每趟回来，都要给孙子带回一捎马子吃食。

但是，这一趟回来，何大学问好像苍老了几岁，愁眉苦脸，垂头丧气，眉头子挽成了鸡蛋大的疙瘩。何满子吱吱喳喳欢迎爷爷，爷爷一点也不欢喜，没有抱他，也没有亲他，捎马子空空荡荡只有两层皮。

何满子对爷爷心怀不满，拿白眼珠儿翻瞪爷爷，闷坐在窗根下，小嘴噘得能挂个油瓶儿。

后来，他听见奶奶跟爷爷吵了起来：

"你一进家就丧门神似的，没一点喜色，要是你嫌弃我们娘儿俩，就留在口外守你那座娘娘庙，死外丧也没人去给你收尸！"

近一两年，何满子懂了点事儿，从大人们的只言片语里，影影绰绰听说爷爷在口外还有一个相好的女人，比奶奶年轻十多岁，住在帐篷里，是个放马的。奶奶跟爷爷吵架，一骂起那个放马的女人，爷爷就不敢跟奶奶对仗了。何满子却非常想跟爷爷出一趟口外，到那位年轻奶奶的帐篷里住几天；他自信，那位口外的奶奶也会像家里的奶奶一般疼爱他。疼爱他的人越多越好。

"妈的，我差一点儿扔了这把老骨头，你还咒我！"这一回吵架，爷爷却不肯向奶奶低头服软儿，忍气吞声，"日本鬼子把咱们中国大卸八块啦！先在东三省立了个小宣统的满洲国，又在口外立了个德王的蒙疆政府，往后没有殷汝耕的公文护照，不许出口一步。这一趟，蒙疆军把我跟掌柜的扣住，硬说我们是共产党，不过是为了没收那几百匹马。掌柜的在牢房里上吊了，他们看我是个榨不出油水的穷光蛋，白吃他们的狱粮不上算，才把我放了。"

何满子听不大懂，可是他听说过殷汝耕这个名字。去年冬天，一个下大雪的日子，乡下哄传殷汝耕在通州坐了龙庭，另立国号，天怒人怨，大地穿白挂孝。寒假里周檎回来，大骂殷汝耕是儿皇帝，管殷汝耕叫石敬瑭，还给何满子讲了一段五代残唐的故事。

原来爷爷坐了牢，还险些扔了命，何满子心疼起爷爷来了。他正想进屋把爷爷哄得开了心，谁想爷爷竟把满腔怒火发泄到他身上，不但将他拴在葡萄架的立柱上，系的是拴贼扣儿，而且还硬逼他在石板上写一百个字。何满子一看见老秀才留下的这些手迹，就想起老秀才那一张阴沉沉的长脸和斑竹白铜锅的长杆烟袋，心里烦透了。

爷爷喝了一壶酒，四脚八叉躺在北房东屋土炕上，打着呼噜睡大觉，天塌了也惊不醒他；奶奶哭丧着脸，坐在外屋锅台上，拨动着一支牛拐骨捻麻绳，依然怒气不息。

现在，只有一个人能搭救何满子；但是，何满子望眼欲穿，这颗救命星却迟迟不从东边闪现出来。

3

何满子觉得，他这个家，像个鸟笼，他好比一只被关在笼子里的柳叶翠鸟；他又觉得，这个家像一只麦秆编成的蝈蝈篓儿，他好比被捉进篓里的小绿蝈蝈。

四面是柳枝篱笆，篱笆上爬满了豆角秧，豆角秧里还夹杂着喇叭花藤萝，像密封的四堵墙。墙里是一棵又一棵的杏树、桃树、山楂树、花红果子树，墙外是杨、柳、榆、槐、桑、枣、杜梨树，就好像给这四堵墙镶上两道铁框，打上两道紧箍。奶奶连巴掌大的地块也不空着，院子里还搭了几铺黄瓜架；而且不但占地，还要占天，累累连连的南瓜秧爬上了三间泥棚茅舍的屋顶，石磙子大的南瓜，横七竖八地躺在屋顶上，再长个儿，就该把屋顶压塌了。

天气越来越热，没有一丝风，小院子闷得像扣上了笼屉。虽然葡萄架绿荫如盖，何满子又赤条精光，可是还阵阵出汗；他看了看拴在脚踝上的绳索，解也解不开，挣也挣不脱，急得满头冒火星子，汗下如雨。

忽然，隔墙花影动，从东篱笆上的豆角秧和喇叭花藤萝里，露出一张俊俏的脸儿，轻轻地叫了一声："满子！"

何满子一抬头，原来是望日莲姑姑，救命星光临了。

"莲姑！"何满子一肚子委屈，好容易盼来了亲人，哇的一声哭了。

坐在外屋的一丈青大娘，听见哭声，扔下手里的牛拐骨，走了出来，问道："满子，怎么啦？"

何满子一听奶奶的口气，明明是带着心疼的意味，于是便演出了他的拿手好戏，扯着嗓子大哭起来。

篱墙外，一串脆笑，望日莲问道："干娘，满子犯了多大的家规，披枷戴锁的打算刺配沧州呀？"

何满子哭得一声更比一声高。

"那个老杀千刀的，撞了黑煞，一进门就瞧着我们娘儿俩扎眼；打算先勒死小的，再逼死老的，好接那个口外的野娘儿们来占窝儿！"

一丈青大娘破口大骂起何大学问。

北房东屋土炕上，发出一声虎啸，何大学问怒吼着冲出屋门。他光着膀子，赤着两脚，只穿一条肥大短裤，扎煞着根根松针似的胡茬，喊嚷道："不是你这个长舌头娘儿们挑三窝四，我就舍得拴起满子来啦？"

"是我叫你拴的呀？"一丈青大娘的嗓门儿，压倒了何满子的哭声和何大学问的吼声，"我不过是叫你吓唬吓唬他，谁想你却黑心下毒手！"

"我并没有真捆满子呀！"

"唉哟，拴贼的扣儿，勒得孩子快断了气儿！"一丈青大娘拍得巴掌山响。

"我割下你这个娘儿们的长舌头！"何大学问大步走

到葡萄架下，伸出一个指头，抖搂了一下那圈套圈儿、环套环儿的绳索，哗啦散开了，"瞧，这是真捆他吗?"

望日莲背着大筐跑进来，笑道："干爹，您可真会玩花活儿。"

"这叫兵不厌诈，空绳计!"何大学问得意地呵呵笑道，"可这一来，我的花活露了馅儿，满子的贼胆子就更大了。"

"您还是进屋睡回笼觉去吧，满子陪我到河滩上打青柴。"望日莲说。

"等一等!"何大学问说，"让他奶奶给孩子做口吃的。"

"我不管!"一丈青大娘还在跟老头子赌气。

"不敢有劳王母娘娘的大驾!"何大学问叹了口气，"我给何家的这个小祖宗儿当大脚老妈子。"

"我不吃!"何满子一甩胳膊，"把挂在西屋墙上的那一串打鸟夹子给我拿来，我打鸟去。"

"得令!"何大学问高声答应，"瞧我孙子的孝心多大，给爷爷打野味，晚上下酒。"说罢，一溜小跑进屋去。

何满子从爷爷手里接过一大串打鸟夹子，牵着望日莲的手走出柴门，眼睫毛上还挂着泪珠儿，就噘起嘴唇学了一声布谷鸟叫："咕咕，咕咕！"

"你也是我的小祖宗儿。"望日莲说，"来，我背着你。"

望日莲找个土坡，半蹲下身子，大筐靠在土坡上，何满子坐进去，望日莲直起腰，背着他奔河边去了。

望日莲十九岁，奶名可怜儿，是何家东隔壁杜家的童养媳。十二年前，在摆渡口开小店的花鞋杜四，从一个逃荒的饥民手里买下来，领回家，给他那个当时已经十七岁的傻儿子当童养媳妇。这个傻儿子小名叫二和尚，长得丑陋，又缺心眼儿，就会在小店里扫马粪。花鞋杜四是这个小村有名的泥腿，他的老婆豆叶黄，又是这个小村独一无二的破鞋。豆叶黄长得有几分姿色，可是心肠歹毒，一张嘴就像蛇吐信子。可怜儿来到杜家，一年到头天蒙蒙亮就起，烧火、做饭、提水、喂猪、纺纱、织布、挖野菜、打青柴，夜晚在月光下，还要织席编篓子，一打盹儿就要挨豆叶黄的笤帚疙瘩，身上常被拧得青一块紫一块。

可怜儿十岁那年，张作霖的队伍跟吴佩孚的队伍隔着北运河开仗，炮火连天，一个炮弹炸了个大坑，把可怜儿倒栽葱埋了下去，花鞋杜四和豆叶黄也不扒她，慌慌张张跑反走了。一丈青大娘心肠软，冒着硝烟把可怜儿扒了出来，可怜儿昏迷不醒，一丈青大娘把她装进大筐，背在身上就跑。一块炮弹皮子划破了一丈青大娘的鬓角，她还是不忍心扔下这个苦孩子，自个儿逃命。在青纱帐里躲藏了三天，仗打完了，回到村里，才知道二和尚被奉军抓了伕，下落不明。豆叶黄哭天叫地，一腔毒火扑到可怜儿身上，骂她是扫帚星，克夫命，又掐又咬，疼得可怜儿满地打滚儿。一丈青大娘忍无可忍，跳过篱笆，把可怜儿抢救出来。豆叶黄也不是好惹的，跟一丈青大娘对骂起来；一丈青大娘虽然口角锋利，可是豆叶黄的舌头带着毒刺儿，于是动口改了动手，把豆叶黄打得七窍出血，豆叶黄就爬到何家门口，躺下装死。花鞋杜四更不是省油的灯，手持一把宰猪的青条子赶来，要烧何家的房；一丈青大娘就拿起一把鱼叉，跟花鞋杜四交了手。正打得你死我活，难解难分，何大学问从口外赶马回来了，抡起大鞭，一个鞭花抽过去，把花鞋杜四抽了个皮开肉绽，差一点腰断两截。花鞋杜四岂能善罢甘休，他在官面上有路子，搬来了河防局的一个巡长，要把何大学问抓去坐牢。最后，还是有人出面说和，何大学问请了两桌酒席，答应给花鞋杜四和豆叶黄治疗养伤；但是，何大学问和一丈青大娘一定要认可怜儿当干闺女，花鞋杜四表示同意，不过将来可怜儿圆房，何大学问跟一丈青大娘得陪一笔嫁妆。两下立了文书，画了押，可怜儿当众给干爹和干娘叩了头。

一丈青大娘觉得干女儿的名字不吉利，就给她改名叫贵莲。贵莲虽然不再挨打，可是一年三百六十天，还是没有喘气的工夫。她到河滩上打青柴，何家西隔壁的周檎下了学也到河滩上打青柴，俩人十分要好，常常嬉戏打闹，周檎就管她叫望日莲；她的命相本来不贵，反倒挺喜欢这个外号，一来二去就叫开了。

运河滩上遍地开放着五颜六色的野花，顶数死不了的花朵最小，只有蚕豆粒大，血红血红的，撒满在河边、路旁、柳荫下，不怕风吹雨打，不怕曝晒干旱。一连多少日子不下雨，土地龟裂，禾苗枯黄，可是小小的死不了花却更鲜红，更艳丽，叶子也更翠绿。望日莲就像那死不了花，在饥饿、虐待和劳苦中发育长大，模样儿越来越俊俏，身子越来越秀美。干爹和干娘疼她，一年也给她做一身新衣裳，她穿上新衣裳就更好看。

二和尚被奉军抓伕，一去没回头，何大学问和一丈青大娘就想给望日莲另找婆家。当面不便开口，就拜托摆渡船的柳罐斗，钉掌铺的吉老秤，老木匠郑端午，到杜家探探口气。谁想，三个人刚说明来意，豆叶黄便号啕大哭，夹枪使棒地甩了一大堆闲言碎语。花鞋杜四倒似乎通情达理，说他也不愿意耽误了儿媳的青春，只是儿子生死未卜，宁拆十座庙，不破一门婚，他主张请个算命先生，给望日莲打一打卦。也真凑巧，他的话刚落音，门外就响起算命先生的笛声，他就跑出去请了进来。当着众人的面，算命先生盘问了望日莲和二和尚的生辰八字，掐指算了又算，口中念念有词，然后断定，二和尚在外已经当了官，要像薛平贵那样，一十八载才能衣锦还乡。二和尚出去已经八年了，所以望日莲还得在寒窑苦守十个春秋，就会苦尽甘来，夫贵妻荣。

其实，花鞋杜四和豆叶黄各怀鬼胎，居心不良。花鞋杜四一肚子狗杂碎，他见望日莲出落得一朵鲜花似的，就起了乱伦的贼心。豆叶黄本来是个破鞋，花鞋杜四常年住在小店里，很少回家来睡，她就招野汉子；眼见自个儿年老色衰，缺乏吸引力，就想拿望日莲当招蜂引蝶的幌子。有一天夜晚，豆叶黄跟她的野汉子约定，半夜三更前来。正是暑伏时节，豆叶黄喊叫屋里闷热，打开前后门窗通风。半夜里，豆叶黄走出后门，叫她那个等候在篱笆根下的野汉子进去，她在外面把门。那野汉子像一只偷鸡的黄鼠狼，蹑手蹑脚而入。就在这时，前门又贼溜溜闪进一个黑影；月黑天，天阴得像锅底，两人谁也没看见谁，一齐扑向望日莲的小西屋。

望日莲人大心大，又见豆叶黄行为不正，花鞋杜四贼眉鼠眼，每晚临睡之前，都关严窗户，顶住房门，身旁左边一把镰刀，右边一把剪子。两个恶贼扑门，望日莲惊醒，从炕上跳起来，可是还没有等她动手，这两个恶贼先厮打起来。望日莲投出了镰刀和剪子，从窗口跳出去，大喊一丈青大娘救命。一丈青大娘闻声而至，掌起灯火，只见镰刀砍在花鞋杜四腿上，剪子扎在野汉子胳臂上，两个恶贼仍然死咬住不放，滚在一起厮打。

出了这件事，一丈青大娘不依不饶了。豆叶黄理屈

— 84 —

词穷，只得应许望日莲白天给她家干活，晚上到一丈青大娘那里去睡。

何大学问出口赶马，望日莲就跟一丈青大娘和何满子同睡在一条小炕上；何大学问赶马回来，望日莲就跟何满子到西屋去睡。那时候何满子才三岁，每晚都睡在望日莲的怀抱里，已经三年了。

望日莲虽然摆脱了花鞋杜四和豆叶黄的暗算，可是摆不脱苦重的劳动，她还要一年到头、一天到晚地干活。而且，豆叶黄因为奸计未成，要出口气，更加重了望日莲的劳苦。望日莲从来没有歇过晌，大晌午头儿，便得去打青柴。

年轻的姑娘媳妇们下地，身边都带着个孩子，倒不是为护身，而是为防嫌。所以，望日莲晌午打青柴要带着何满子。

4

望日莲的大筐里背着何满子，沿着河岸走出村口，便是一片河滩。

这片河滩方圆七八里，一条条河汊纵横交错，一片片水洼星罗棋布，一道道沙冈连绵起伏。河汊里流水潺潺，春天只有脚面深，一进雨季，水深也只过膝，宽窄三五尺，也不搭桥，可以一跃而过；河汊两岸生长着浓荫蔽日的大树，枝枝丫丫搭满大大小小的鸟窝。水洼里丛生着芦苇、野麻和蒲草，三三五五的红翅膀蜻蜓，在苇尖、麻叶和草片上歇脚；而隐藏深处的红脖水鸡儿，只有蝴蝶大小，啼唱得婉转迷人，它的窝搭在擦着水皮儿的芦苇半腰上，一听见声响，就从窝里钻进水里，十分难捉。沙冈上散布着郁郁葱葱的柳棵子地，柳荫下沙白如雪，大热天躺在白沙上，身心都感到清凉。

何满子最喜欢到河滩上玩耍。光着屁股浸入河汊，捞虾米，掏螃蟹，摸小鱼儿；钻进苇塘里，搜寻红脖水鸡儿，驱赶红蜻蜓满天飞舞，更是有趣；但是，最好玩的还是在大树下、茂草中和柳棵子地里，埋下夹子和拍网打鸟。

一到河滩上，何满子就叫望日莲把他从大筐里卸下来，欢叫着蹚过一条条河汊，跑在前面，从一片片水洼的苇丛中钻进钻出，最后一口气跑上最高的那道沙冈。

望日莲也来到了高高的沙冈上，她坐下来喘了口气，就折了两大把柳枝，编成一个遮阳的柳圈儿；她连一顶破草帽也没有。柳圈儿编成了，她把那一条粗大油黑的辫子盘绕在头上，然后再戴上柳圈儿。这时，何满子一定要采几朵火红的、金黄的、洁白的、绛紫的、天蓝的野花，插在柳圈上，想把莲姑打扮得更好看。望日莲又脱下身上那打满补丁的蓝花土布小褂儿，扔给何满子，叮咛说："给我看着！你打鸟儿别像断线的风筝，有男人来，赶紧喊我。"

　　何满子见她的胸脯上还七缠八绕着一块长条子破布，便说："莲姑，把这条子破布扯下来，多凉快。"

　　"放屁！"望日莲脸一红，"姑娘家能脱光膀子吗？"

　　望日莲头戴着插满野花的柳圈儿，一手提着大筐，一手握着镰刀，钻进蓬蒿茂草丛中去了。何满子坐在柳棵子地里，抱着望日莲的蓝花土布小褂儿放哨。一会儿，他就感到寂寞了，越寂寞也就越感到发困。于是，他不耐烦了，揉了揉眼，摇了摇头，清醒过来，就扒了个沙坑，把蓝花土布小褂埋起来，提着一串打鸟夹子，走下沙冈。

何满子先到草棵里捉小虫，把小虫串在夹子的支棍上，一把一把地四处埋伏起来，每处都拔几棵草盖上，伪装一下。然后，就钻进茂草中，轻柔地吹着口哨，含一片草叶学鸟叫，引诱树上的和树丛里的鸟儿下树出窝，觅食上钩儿。何满子听见这里啪的一声，那里啪的一声，乐得直想翻个跟头打几个滚儿，那是打中了。但是，有时候也噗的一声，却是打空了。受了惊的鸟儿，吓得钻入没天云，受了挫伤的羽毛在风中飘散。

他听着打中鸟儿的声音，心里默默地数着数儿；要打到二三十只，才够他和望日莲烧吃一顿。

一想到莲姑每天都吃不饱，何满子的心里就一阵阵发酸。打青柴的时候，他常常看见望日莲饿得心里发慌，脸白得像一张白菜叶子，额角上冒出一层层的虚汗，就手打着颤儿摘取一颗一颗的地梨，填填肚子。何满子心疼望日莲，就到财主家的瓜田里去偷瓜；面瓜香甜柔软，很好吃，吃上几个也能饱一阵子。而且，偷瓜也是一种冒险的游戏，对何满子很有诱惑力。

他常常光顾邻村大财主董太师的瓜田。

爬过河滩上最后一道沙冈，就是董太师的瓜田。这一块瓜田二十亩，东西南北各有一座窝棚，地中央还有一座高高的瓜楼，瓜楼上站着一个拿枪的团丁；更有两条伸出血红长舌头的恶狗，在瓜田四处跑来跑去。瓜垄里，埋藏着一杆杆地枪，枪口露在土外，枪机上拴着一根绷紧的细绳；偷瓜的人不小心蹚上绳子，地枪响了，枪砂打在身上或是腿上，就要受重伤。

何满子从茂草中悄悄爬到董太师瓜田的地边，只见高高瓜楼上的那个团丁，抱着枪靠在栏杆上打呼噜，四座窝棚的看瓜人，前仰后合地打盹儿；那两条恶狗也各自找个荫凉卧下，懒得跑动了。何满子偷瓜，不但胆大，而且心细，他滴溜溜转动着黑亮黑亮的小圆眼睛，先看准了有利地形，再仔仔细细观察，分辨出哪一条瓜垄埋藏着地枪。然后，他趴下来，只靠两只臂肘爬行；临到地边，滋溜一下，像一只泥鳅，钻进了瓜垄。

钻进瓜垄的密叶下，何满子就如鱼游水，再有阵阵微风拂过，吹得瓜叶沙沙响，那就更给他帮了忙，打了掩护。他最喜欢吃甜瓜，甜瓜不但解渴，而且一直甜到心窝里。他也爱吃面瓜，面瓜不但解饿，而且吃过之后余香满口。他更喜爱西瓜，但是西瓜个儿大，还要砸破了皮，在瓜垄里不能吃，必须推出瓜田去。这个活儿很累，何满子却干得十分巧妙。他摘下一个斗大的西瓜，然后仰巴跤躺下，又开双腿，把西瓜夹在腿裆里，两个手掌子按地，屁股一颠一颠地推得那个斗大的西瓜滚动着；慢慢地，慢慢地推出了瓜田，钻进茂草中，就算胜利了。但是要出一身大汗，沾满一身的沙子。

何满子听见啪的一声又一声，已经打中了十几只鸟儿，就钻进了董太师的瓜田；先在瓜垄里吃了个肚儿圆，然后抱出三个大面瓜，到蓬蒿丛中寻找望日莲。

这一大片蓬蒿，五尺多高的大汉钻进去不见影儿，何满子钻进去，就像一粒石子投入汪洋大海。他走一走便侧耳听一听，听一听哪里有镰刀的唰唰声，再循声找去。寻找望日莲，还有一个方便，那就是望日莲喜欢一边打青柴，一边唱小曲儿。她有一条低柔的嗓子，轻轻唱起来，悦耳动人心。这些小曲儿，都是情歌，词句都很大胆；何满子听不大懂，可是知道在家里是不能唱的。

何满子抱着三个大面瓜，在蓬蒿丛中找来找去，听不见镰刀的唰唰声，也听不见低柔的小曲声。他感到奇怪，也有点恐惧，站住了脚，支起耳朵，听了又听，仿佛听见了幽幽的哭泣声。他夯着胆子，踮着脚尖，提着身子，小步小步地向那边挨过去。

他看见了，望日莲已经割倒了一大片青柴，却不知为什么趴在了青柴上，两手抓着两大把泥土，哭得整个身子抽搐着。何满子想，望日莲一定是饿得肚肠子疼了，便高喊道："莲姑，你饿了吧？我给你送面瓜来啦！"

望日莲仰起半边脸，挂满了泪水，抽噎着说："我……不饿，你……吃吧！"

"我早就吃饱了！"何满子把三个大面瓜放在望日莲头前，腾出手来，拍了拍蝈蝈儿似的肚子，"快吃，快吃。"

"我……吃……不下去。"

"你病了吧？我找奶奶来给你扎针。"说着，何满子转身要走。

"我没病！"望日莲一把勾住他的腿腕子。

"那你为什么哭呢？"何满子迷惑地问。

"没来由，就是想哭。"望日莲坐起来，擦着眼泪。

何满子直勾勾瓷着眼珠儿，忽然笑了起来："我猜

— 91 —

着啦！你是想檎叔了。"

"谁说我想他？"望日莲又扑簌簌淌下泪来，却还要嘴硬，"他算是我的什么人，我算是他的什么人？"

"你们俩……你们俩……"何满子不知如何回答，"你们俩当两口子吧！"

"今生没缘了，来世再说吧！"望日莲凄然地说。

"来世还得等多少年呢？"何满子问道。

望日莲失神地说："眼下就死，投胎转世，再过二十年，又这么大了。"

"我不愿意你等到来世！"何满子兴致勃勃地说，"等檎叔回来，我就催他雇花轿抬你。"

"他早就该回来了。"望日莲哀怨地说，"人家今年从潞河中学堂毕了业，就要进京上大学堂了，还想得起我这个打青柴的乡下丫头？"

"他要是把你忘了，我见面就骂他！"何满子忿忿地说，"我还要拿奶奶的鱼叉扎他，顶门杠子抢他。"

"住嘴吧！"望日莲慌忙双手捂住他的嘴巴，"不许你咒他。"

"我偏咒他，偏咒他！"何满子呸呸啐起了唾沫。

“求求你，好孩子！”望日莲哀求起来，“你在这儿咒他，他在外边有个灾枝病叶，谁来服侍他呢？”

“看你的面子，我不咒了。”

“你还得说，求老天爷保佑檎叔平平安安。”

“说这个干什么呀？”

“你刚才咒了他，还得给他消灾呀！”

“老天爷，保佑我檎叔平平安安吧！”何满子带着哭音呼叫起来，“保佑我莲姑跟我檎叔成两口子吧！”

望日莲紧紧地把何满子搂在怀里，雨点似的亲他。

望日莲也真的饿了，她风卷荷叶一般吃下了三个面瓜，心情也欢悦起来，白菜叶子似的脸上泛起了娇艳的颜色，目光也明亮得像月光下的春波，喜气挂上了微蹙的秀眉，红润的嘴唇漾起微笑，何满子呆呆地凝望着她。

“你看我什么？”望日莲纳闷地问道。

“莲姑，你真好看。”

“呸！”望日莲啐他一口，“这几个月，你光学坏，往后别跟我睡了。”

“等檎叔回来，我跟他作伴去！”何满子气恼地说。

望日莲愣了下神儿，脸红了红，小声说：“那你就跟他睡一宿，再跟我睡一宿。"

"不！"何满子斩钉截铁地说，"檎叔回来了，我才不愿意跟你睡。"

"原来你跟我这么狠心呀！"望日莲说，"姑姑刚才逗你玩儿，心里才舍不得你。"

"你舍不得我，咱们仨一块儿睡！"何满子说。

"滚你的！"望日莲张开巴掌，轻轻用掌心拍了何满子的光葫芦头一下，"快去收拾你那些打鸟夹子吧，别叫人家起走了。"

何满子恍然想起这桩大事，急急飞跑而去。

5

满河滩跑了一遭，何满子起回了他所有的打鸟夹子和拍网，打中了二十多只，其中还有两只肥囊囊的花胡不拉鸟，心里非常高兴。这两只肥鸟，一只孝敬爷爷下酒，一只要让莲姑吃个痛快。

他回到最高的那道沙冈上，扒出望日莲那件打满补丁的蓝花土布小褂儿，望日莲已经一趟一趟地把大捆的青柴背到了沙冈下晾晒。

望日莲头上那插满野花的柳圈儿已经散乱了，盘绕着的大辫子拖落下来，沾了一头草叶，赤裸的肩头和胳臂上，划满了一道道血印子，七缠八绕在胸脯上的那块长条子破布，被汗水浸透，粘满了泥土。

"莲姑，歇一会儿，烧鸟吃！"何满子跳着脚喊道。

望日莲乏得有气无力，说："我要去洗洗身子，你来给我看着人。"

他们来到一个僻静的河湾，这个河湾被一道沙冈环抱着，长满红皮水柳，水色澄碧，清可见底。何满子留在沙冈上，望日莲说了声："合上眼！"何满子就把两眼紧紧地闭住。莲姑跟他说过，偷看姑娘家脱衣裳，要长枣核钉那么大的针眼。望日莲下到水边，在红皮水柳丛中影住身子，一边脱着衣裳一边向何满子喊道："睁开眼吧！"何满子便把眼睛睁开，向四下张望，警戒男人走来。

红皮水柳深处，传出哗啦哗啦的洗衣裳声；不大工夫，何满子看见，洗干净了的衣裳挂在了水柳枝头晒着，还有那一条长长的破布。又过了一会儿，何满子便听见一阵阵撩水声和凫水声。他又感到寂寞了；衣裳不晾干，望日莲便不能上岸，他也就像一只孤雁似的呆立着。

"莲姑，你可别凫到漩涡里去呀！"他跟望日莲搭着话，"我力气小，救不了你。"

"我用你来救呀？"望日莲在红皮水柳丛中笑着，"当年你檎叔掉在漩涡里，还是我把他救上了岸。我是他的救命恩人哩！"

"我才不信！"何满子哼道，"你跟我爷爷一样，爱吹牛打鼓，小心大风刮跑了你的舌头。"

"真不骗你。"

"你说说，我听听！"何满子从沙冈上出溜下来，坐到河湾子的水边去。

"不许下水！"望日莲吓得尖叫。

"我看不见！"何满子说，"你不快说我就下水。"

望日莲告诉何满子，她十岁的时候，跟着周檎到河滩上挖野菜。天气酷热，周檎下河凫水，谁想凫着凫着腿肚子抽了筋儿，一股急流把周檎卷进了一个水漩子里，周檎的身子就像被拧成了陀螺，一会儿沉没下去，一会儿又旋转着露出个脑瓜顶儿。周檎连喝了几口水，挣扎着大喊救命，她扑通跳下河，掐着周檎的脖子拽上了岸。后来，周檎再凫水就跟她搭伴了。

"你姑娘家跟小子一块凫水，怎不害臊呢？"何满子问道。

"那时候都小，不知道害臊。"望日莲说，"我跟他在柳棵子地里过家家玩，还拜过花堂呢！"

"原来你跟檎叔早就是两口子啦！"何满子惊喜得喊叫起来。

"别嚷！"望日莲喝道，"我好像觉得有脚步声，你快去看看，是不是有人来？"

何满子又跑上沙冈，手搭凉棚，远瞧近看。忽然，他看见从河岸的柳荫羊肠小路上，走来一个打着旱伞的人，他忙喊道："莲姑，躲起来！有人。"红皮水柳丛中，响起稀里哗啦的凫水逃跑声。何满子又跳着脚观望，只见那个打着旱伞的人，是个青年书生，穿一身白学生装，肩上背着一个方格土布的小包袱。何满子欢呼了一声："莲姑，是檎叔！"望日莲在红皮水柳丛中说："瞎话！"何满子却已经大喊着："檎叔！"飞也似的迎上前去了。

那个穿学生装的年轻人，收拢了旱伞，也喊着："小满子!"奔跑过来。

周檎二十岁左右，清秀的高个儿，两道剑眉，一双笑眼，高鼻梁儿，嘴角上挂着微笑，满面和颜悦色，一看就知道是个文静和深沉的人。

他跑到何满子跟前，张开胳臂要把何满子抱起来；何满子急忙跳开，说："别弄脏了你的新衣裳!"

"你在这儿干什么呢?"周檎含笑问道。

何满子脑瓜一歪，眨巴着小圆眼睛，说："你猜!"

周檎假装皱着眉头，想了又想，说："猜不着。"

"跟我来!"何满子牵起他的手就跑。

这时，望日莲也从红皮水柳深处凫出来，扒着岸边的柳枝向外偷看，一眼就看见了那个日夜思念的人，心一下猛跳起来，脸一下子烧红起来。

"满子，别带你檎叔过来!"她是在跟周檎打招呼。

"你害什么臊呀?"何满子顽皮地笑道，"你们不是搭伴凫水，还拜过花堂吗?"

"没那么回事儿!"望日莲说，"周檎，你到远处站着。"

"满子，咱们躲她远远的！"周檎一指儿丈外的一片柳棵子地。

他俩在柳荫下的白沙地上一坐，何满子便急着问道："檎叔，你是跟莲姑拜过花堂吗？"

周檎抚摸着他的光葫芦头，悠然神往地说："那是童年时代的游戏。"

"你们在哪儿拜的花堂呢？"何满子追问。

"就在这片柳棵子地里。"

"你们穿新衣裳吧？"何满子刨根问底儿。

"我跟你现在这个打扮差不多，她比我多穿了一件兜肚。"

"你头戴一顶插红翎子的礼帽吗？"

"我戴着一个柳圈儿。"

"莲姑蒙着红盖头吗？"

"她顶了一张荷叶。"

"十字披红吗？"

"一人身上斜挂着两个柳枝串起的花环。"

"摆天地桌吗？"

"堆了个土台。"

"烧高香吗?"

"插了三根艾蒿。"

"拜完天地,到哪儿去入洞房呀?"

"在地上划了个四方块,就算洞房。"

"吃子孙饽饽吗?"

"两片麻叶上放了几个地梨儿,就算子孙饽饽。"

"吃长寿面吗?"

"嚼甜芦根草。"

望日莲走进了柳棵子地,娇嗔地说:"你跟他胡说些什么呀?"

何满子一看,望日莲从水中走出来,俏丽的脸儿,就像雨后清晨的一朵荷花。她匆忙中忘了把那块长条子破布七缠八绕在胸脯上,洗得干干净净的蓝花土布小褂儿,紧紧箍着她那丰满的身子。

周檎眼色温柔地答道:"我常常回忆儿时的往事。"

"你为什么不在村口下船?"望日莲问道。

"我想晌午头上你一定在河滩上打青柴,就在前一个渡口上了岸,看看在河滩上能不能找见你。"

"你怎么比去年晚了半个多月才回家来？"望日莲含情脉脉地问道。

"我到北平考大学去了。"

"考中了吗？"

"还没有发榜。"

望日莲低下头去，咬了咬嘴唇，脖颈上泛起了红潮，猛地抬起头，目光火辣辣地问道："你知道今天是什么日子吗？"

"阴历七月七。"周檎声音微微发颤地说，"所以我挑这个日子回来。"

"七月七，牛郎会织女！"何满子插嘴说，"檎叔是牛郎，莲姑是织女。"

"贫嘴！"望日莲啐道，"到那边看看有没有人来。"

"等一等！"何满子折断一根柳枝，在周檎和望日莲的四周划了个大四方块，"你们就在洞房里说话吧！"

他走出柳棵子地，爬上一棵老杜梨树，骑在大树杈子上。快起晌了，可是还热得像火烤，田野河边仍然路断行人。

在何满子的心目中，周檎是个了不起的人物，是天上的文曲星下凡。

何满子喜欢听老人们说古。他从爷爷、奶奶、摆船的柳罐斗、老木匠郑端午和钉掌铺的吉老秤口中，也从开小店的花鞋杜四那里，零星片断地听到，周檎的父亲周方舟过去在玉田县当小学教员，九年前领头闹起京东农民大暴动，暴动失败，被奉军杀害了。周檎的母亲嫁到周家后仍旧住在这个小村，丈夫一死，就带着周檎跟外祖母和舅舅柳罐斗一起生活。不久，母亲也因哀痛过度而亡，周檎就跟外祖母和舅舅相依为命。后来，他以甲等第一名考入美国教会开办的通州潞河中学，在那个学校里一直是数一数二的学生。

通州城距离这个小村三四十里，周檎孝顺外祖母，每个礼拜六都回家来，跟外祖母团聚一天，第二天下午再回去。他很穷，雇不起马车或脚驴子，夏天回家靠两腿走，走累了就下河凫水；冬天回家乘坐冰床，冰床在封冻的河面上像流星一般飞行。前年，外祖母去世了，他又像孝顺外祖母那样孝顺舅舅，仍然每个礼拜都回家。柳罐斗怕外甥荒废了学业，叫他一个月回家一趟。而一个半月的暑假，半个月的寒假，他都回家来住。他给舅舅打青柴，也帮助舅舅摆船，爷儿俩过得和和睦睦，从没有抬过杠，拌过嘴。

何满子喜欢追随周檎的身前身后，不仅是因为周檎会给他讲引人入胜的故事，教给他的字儿也比老秀才那些"赵钱孙李，周吴郑王"和"天地玄黄，宇宙洪荒"有趣得多；而且更因为周檎也像望日莲那样疼爱他。

柳罐斗跟何满子家住隔壁，也是三间蒲草盖顶的棚屋，一座四面夹着柳枝篱墙的院落。柳罐斗住在摆渡口的大船上，家里只有周檎一个人，何满子听故事和识字儿入了迷，舍不得走，有时就跟周檎一起睡。他玩了一天，跑得乏了，免不了尿炕，周檎也不声张；如果声张出去，他在小伙伴们中间，就没脸见人了。

何满子还有一个乐趣，那就是他在周檎的炕上睡着了，望日莲就要来抱他回家；躺在望日莲的怀抱里，他常常感到呼吸着一股芬芳的紫丁香气味。有一回，他被搬醒了，睁了睁眼，看见望日莲把他抱在怀里，却又跟周檎肩并肩坐在炕沿上不肯走，把她那一条粗大油黑的辫子绕在周檎的脖子上。他想笑，可是太困了，眼皮又粘在一块儿，睡着了。

现在，何满子骑在老杜梨树的树杈子上，想到这里，忍不住伸着脖子向柳棵子地里偷看了一眼。果然，望日莲又在用她那粗大油黑的辫子缠绕着周檎。何满子想，一定也要系个拴贼的扣儿。他咯地一声笑了，但是马上又捂住了嘴，怕惊散了那一对戏水的鸳鸯。而且，也不敢再看了。他想，偷看人家缠辫子，也要长针眼，比枣核钉还得大。

6

七月七的夜晚，何满子不想睡觉。

奶奶给他说过牛郎织女的故事。七月七半夜三更的时候，要有一大群喜鹊在银河上搭桥，牛郎挑着一副挑筐，前面装着儿子，后面装着女儿，来到鹊桥上，跟分别了一年的织女见面，两人抱头大哭。小孩子眼睛亮，耳朵尖，站在葡萄架下，能看见银河鹊桥上的人影，听得见从天上传来的哭声。去年，何满子就曾偷偷站在他家的葡萄架下听哭，可是那一天下小雨，他没有听见哭声，只是洒了一身牛郎织女的眼泪。

今年这个日子，繁星满天，白茫茫的银河横躺在夜空，不会下小雨了。何满子打定主意，不听见哭声不睡觉。

吃过晚饭以后，上弦月像一只金色的小船，从东南天角漂了上来。望日莲编了一只篓子，织了一张席，豆叶黄才不大情愿地说："睡觉去吧！明天早早起来，别粘在了炕头上。"望日莲才离开杜家，来到何家。

一丈青大娘已经睡醒了一觉，听见望日莲的脚步声，在东屋打着呵欠说："儿呀，别过了子时，你到小后院拜拜月，乞个巧吧！香烛跟针线，我都给你放在灶王爷佛龛上了。"

"娘，您睡吧，我记着。"

望日莲吱溜推开了门，何满子赶紧闭着眼睛装睡；他单等望日莲出去拜月，就溜出去听哭。

拜月乞巧的风习，虽然迷信，却很优美。那是在七夕之夜，年已及笄的姑娘，半夜时分悄悄找个僻静角落，给垂挂中天的月牙儿焚香叩拜，然后掏出一根银针，一条红线，在月色朦胧中穿引，如果一穿而中，今年必能跟自己心爱的人儿结成美满良缘。

望日莲走进西屋，却没有上炕，她先拿起一把芭蕉扇，扇跑了叮在何满子身上的一只大花脚蚊子，尔后就呆坐在炕沿上。何满子偷眼觑着她，只见她心神不宁，又一声一声地长吁短叹，后来就双手捧着脸，一动不动了。何满子想问她为什么难过，却又不敢开口，怕望日莲不让他溜出去。

　　过了很久很久，望日莲像下定了决心，鼓足了勇气，一跺脚站起身来，走到外屋；外屋的灶王爷佛龛上响动了一下，一定是取走香烛和针线，到小后院去了。

　　事不宜迟，何满子急忙下炕，光着脚丫儿，屏住气息，从外屋前门跑了出去。

　　他抬头仰望夜空，隐隐约约恍惚看见，在白茫茫的银河上，好像有一座桥影，桥影上又晃动着两个人影，那一定是牛郎跟织女已经见面了。他赶紧走到葡萄架下，左胳臂抱住立柱，右手扯着耳朵，全神贯注地听起来。

　　这铺葡萄架，搭在东屋窗前三步的地方。屋里，爷爷和奶奶正在酣睡。今晚上，因为周檎回来了，柳罐斗打了几条大鱼，割了一斤肉，灌了一葫芦酒，烹炒了几样酒菜，邀集他那几位相好的老哥儿们，聚会在他那摆渡大船上，月下开怀畅饮。何大学问喝得酒气熏天，跌跌撞撞而归，走进东屋，扑到炕上倒头便睡。现在，何大学问扯着抑扬顿挫的鼾声，睡得很香。但是，他的鼾声却搅扰得何满子耳根不净，刚刚仿佛听见了天上的哭泣，却又被那不肯停息片刻的鼾声搅乱了。他真想大喝一声："爷爷，别打呼噜啦!"可是，喊醒了爷爷，爷爷必定禁止他站在葡萄架下，怕他受了夜凉。

他感到烦躁，后来忽然想起，不如偷偷溜到周檎家小后院的葡萄架下去，远离爷爷的鼾声；而周檎是个文明人儿，睡觉一定不会打吵人的呼噜，或许能听出个究竟。

于是，他又蹑手蹑脚地溜出柴门，绕篱笆根儿，来到周檎家的小后院外；只见篱笆上有个大窟窿，便四脚落地爬了进去，而且一直爬到葡萄架下，才直起腰，按住心跳，静静地谛听。

静静的七夕之夜，夜风像淙淙的流水；流水淙淙中似有幽怨的哭声，传进他的耳朵，他一阵惊喜。但是留神听去，哭声不是从天上传来，也不是从地下冒出来，而是从周檎睡觉的后窗口，飘出来的余音袅袅。

他吓了一跳，不禁慌了神儿，这是谁在哭泣？他想赶快逃走，却又想听个明白，心里嘀咕了半天，还是留了下来，而且又爬到后窗口下。

"我……我今生跟你……注定是没缘分了！"是望日莲在嘤嘤啜泣，"我烧了三炷高香，点起两支红蜡烛，四起八拜。求月下老儿保佑我跟你……我的眼睛睁得挺大，手也没打哆嗦，红线就是穿不进针鼻里去……"

"你这是迷信思想！"周檎却低低发笑，"拜月乞巧，穿针引线，怎么能决定一个人的命运呢？月色朦胧，幽暗不明，穿不进针鼻是正常现象，不必自寻烦恼。"

"不！"望日莲痛苦地说，"我是柴草穷命，黄连苦命，天意不能嫁给你。"

"我不信天意信人意！"周檎满怀激情地说，"我一定要把你救出火坑，跟我做一对志同道合、生死与共的终身伴侣。"

"万般皆由命，半点不由人呀！"望日莲叹息着，"我的心整个儿给你了，今晚上我把身子也给你送来了；咱俩好一天，就是我一天的福气。"

“那我就更要娶你！”周檎说。

“我压根儿不想拖累你。”望日莲声音虚弱地说，“只怕我逃不出今年的厄运；等你进京上学一走，咱俩的缘分儿也就到了头。他们要糟践我，我就拼上一死，不活了。”

“花鞋杜四跟豆叶黄的野汉子，还想欺侮你吗？”周檎全身像着了火。

“这两个恶贼倒是断了念头。”望日莲打着寒噤，“眼下这两个恶贼又合了伙。有一回，他俩一块喝酒，我偷听了三言两语：董太师想买我做小，他们正讨价还价。”

“这个狗东西！”周檎愤怒地骂道，“殷汝耕当儿皇帝，董太师上了劝进表，是个汉奸，我们要打倒他。”

“他有几十条枪，你一个文弱书生，怎么碰得过他呢？”望日莲苦笑着说。

“莲，你真的甘愿跟我同生共死吗？”周檎忽然庄严郑重地问道。

“从小好了这么多年，原来你信不过我！”望日莲又悲悲切切地哭起来，“我愿意跟你活在一处，当牛当马服侍你；遇到三灾八难，我替你去死。"

"好人儿！"周檎感动得喉咙哽咽了，"实话告诉你，我晚回家半个多月，不光为了考大学……"

"还干什么去了？"

"我们不少人成立了京东抗日救国会通州分会，开展抗日救国运动，将来还要建立武装。"

"你打算叫我干什么呢？"

"参加救国会，打鬼子，除汉奸。"

"我一个女人家，好比萤火虫儿，能有多大亮呢？"

"国家兴亡，匹夫有责；连小满子都应该为抗日救国出一份力。"

何满子几乎想蹦起来喊道："我出这份力！"可是，他又听见望日莲说话了："真要拿刀动枪，我比你胆子大，手也狠。"以下，何满子只听见他们轻声悄语，就像风拂青萍，房檐滴水。何满子真困了，他想回家，两条腿却不听话，于是就倒在窗口下睡着了。

不知过了多久，他被摇醒，但是眼皮发涩，睁也睁不开。

"满子，醒醒！"是望日莲在唤他。

“醒醒，满子！”周檎也在唤他。

他终于睁开了粘在一起的眼皮，原来他躺在周檎的小炕上；炕席雪白，屋子里充满熏蚊子的艾蒿青烟气味。望日莲的头发蓬乱，神色发慌地问道：“满子，你是撒呓症吧？怎么跑到这儿来？”

“我到葡萄架下听哭，原来是你们俩。”

“你听见我们说的话了吗？”望日莲的神情更紧张了。

何满子点了点头，说：“莲姑，檎叔要娶你，你就答应跟他拜花堂吧！”

“好孩子，今晚上你听到的话，可不能说出去呀！”望日莲哀求地说，“你要是溜了嘴，莲姑跟檎叔就没命了。”

“原来……你们也信不过我呀！”何满子嘴一撇，委屈地哭了，“你们在河滩上钻柳棵子地，说悄悄话；你把辫子绕到檎叔脖子上，我跟别人说过吗？”

“满子，我的亲人哪！”望日莲把何满子紧贴在心窝上。

1980 年 1 月

摆渡口

俞青林家住在河边堤拐角，牛腿高粱秫秸的篱笆，围着三间矮矮的土房；院子里有一棵歪脖枣树，青枣子结得压颤枝。夜里下着瓢泼大雨，傍亮时分才停住；篱笆湿漉漉的，冒着一股潮气，十几只白白的鸭子，在院子里摇摇摆摆地叫着。

青林拿着根青秫秸棒，光着膀子赤着脚板，把鸭子往河里赶。太阳从东山露出头来，照得河面冒着金光，河水白漂漂地涨着，往河边洼沟里流窜；一只大木船，拴在摆渡口的桩子上，在水皮上面漂浮着。

一辆载重大汽车，装满货品，从公路跑来；到了河边，跟车的小伙子朝青林喊："劳驾给喊声管船的，把船摆过去。"青林子说："甭啦！我来摆。"跟车的看不起他，假装没听清，还是直劲喊："喂！辛苦一趟，给找下管船的。"青林子笑着对跟车的说；"你别把人瞧扁喽！靠河边长大的孩子，使船跟玩灯似的。"青林子跑过去解绳子，拿起篙头轻轻一点，船就离开河岸。

汽车上船，跟车的一瞧青林子：瘦瘦的细高挑，满脸的孩子气，往大处猜也不过十七八岁；于是叮咛着："小兄弟！稳重点，这是给合作社运的农具。"青林一听，把篙头从水里提出来。扒着车厢一看：新式步犁，手摇铡草机，收秋用的镰刀席篓；青林馋得吐舌头，看个不够。

船顺流朝下去，跟车的急得喊：

"好兄弟哩！翻船啦。"

"瞧你这大胆子。"青林说着，篙头一拄，黑红的胳臂一用劲，船斜着奔河边去，连着几回，就抛锚靠岸了。

跟车的拍着他肩膀："小兄弟！本领真高，回来还找你。"

青林说："你们得赶快回来，傍晚河里水流急浪头猛，容易翻船出危险，不让摆。"

跟车的问他姓名，给了河钱，青林送到管船老张的小屋里；老张到现在还睡得死死的。

支书关山清早起拾粪，看见青林正摆船，对抱柴做饭的青林娘说："大嫂你看！青林子多鹰鹞。"

青林娘眨着红眼圈，看了看说："十八大小子，还是那么孩子气，白胡子盘三遭，也甭想找着媳妇。"

关山把粪筐撂下说："青林地里顶上一条大汉子，学习更是拿着红旗，跑到头里；前程出息着哩！怎会耍光棍？"

青林娘喜得眉开眼笑，朝着光膀子的青林喊：

"洗脸来，该吃饭咧。"

村里，家家烟囱冒起淡白的炊烟，在半空像一团雾；清爽的风儿吹过来，烟雾渐渐飘散，露出瓦蓝瓦蓝的天空。

起晌，河水还是涨着，漫滩上房檐高的野麻，渐渐地被淹没；浪头在野麻上翻起筋斗。

三两只银白的水鸭子，从空中跌下来，肚皮擦着水面，一道闪似地飞走了。

青林站在堤上，朝远处瞭望，只是不见汽车的影子。管船的老张，把大船拉得靠堤，用铁索紧紧地拴在柳树上，青林说："老张！有辆汽车还没过河呢！你等摆过去再拴船。"老张梗着脖子："你敢情躺着说话不腰疼，船翻了你不管。让他候两天吧，水归岸再回去。"

青林还是伸着脖子张望，忽然肩膀被拍了一下，回头看，原来是支书关山，他们的互助组长。关山说："快下地吧！大伙等你念报呢。"青林二话没说，回家扛起锄，撒腿就往地里跑。

在地里，隔着青纱帐，青林听见汽车隆隆的声音。他站起来，站在一座土岗上跷脚看，关山笑嘻嘻地逗趣："青林子！不到三更半夜，牛郎望不着织女。"青林红涨脸，急着分辩："清早您不是瞧见，有辆汽车是我摆过去的；回来时还是满载，大船上索风浪又大，真叫人替他们着急。"别的组员说："管船老张也许没回家。还是喝碗枣叶茶，歇会儿吧!"

汽车上满载着整麻袋的黄豆。上面坐着一个十六七岁的小姑娘，一只手抓着扎绳，一只手打着旱伞，随着汽车的颠簸，身子来回摇摆着。两只油亮的短辫子，震动得跳起来。

跟车的一见大船上了索，跑到小屋里找管船的，屋里空空的连炕席都卷走了。跟车的急得滴溜转，瞧着半里长的河面，一团团的浪头，惊牛似的水流，脑袋直冒油。

离摆渡口不远，有两个人在树荫下歇凉。一个叫王福亮，是个"瞎摸海"，跑到河边来歇午，一下睡过劲，就懒得再下地；那个叫李有福，是村里单干典型，外号叫"财迷李"，皱着眉头来看水。

王福亮指着那辆汽车，对李有福说："你瞧!那跟车的直转磨，咱俩敲他一下怎么样?"李有福摆着脑袋："我可不敢。大水漫天，凭咱俩这点本领，摆个大汽车，出了差错，这个罪过担不起。"王福亮挤着鼻子："不要紧，咱俩沉住气，顺流掌舵，不会出事的。"李有福心里有些活动，但说："三万块钱真不值当，提心吊胆摆过去，让老张知道，还得没屁股没脸挨顿骂。"王福亮挖苦地说："你真是傻小子，这节骨眼儿上，他们还不给个大价钱吗？"李有福说："好吧，你把他喊过来吧。"王福亮说："别忙，等他找咱来。你瞧，他来啦！"

"喂！劳驾，"跟车的走近来，像是嗓子眼发干，喝下口清泉水。连忙招呼："您给找下管船的。"

李有福站起来，一点不带瞌睡的样子。摆着手说：

"管船的不在，回家啦！"

"那辛苦您一趟，给找找俞青林。"

听跟车的指名点姓，李有福瞪了眼，王福亮赶忙过来，说："谁知道他上哪块地去啦！瞧你蝎子蜇着似的，俺俩给摆过去。"

"车上是国家的粮食，不是玩闹的。"

王福亮一拍胸脯说："嘿！河边住的大人孩子，使船是家常便饭。"跟车的想起俞青林早上的话，就说："那就摆吧！"

王福亮说："咱丑话说在头里，河钱得多加；这一趟半里开外，实在够累。"跟车的连连答应："行行！摆过去给六万。"王福亮装出行家的派头，吆喝。

"铺跳板，汽车上船。有福掌舵！"

李有福心里直敲鼓，哆哆嗦嗦地上了船。

一只青蛙"哇哇！"地叫了两声，跳到河里；霎时间，又露出头，瞪着鼓溜溜的眼睛，盯住这俩家伙。……

三

大船解开铁索，就像脱缰的野马，一直顺流下去；浪头追着船屁股，紧紧地顶撞着，溅起无数的水点子。

李有福掌着舵，左拨右拨，大船却不老老实实听从摆布。王福亮用篙头一试，已经找不着河底，他心里打个寒噤；他一瞧跟车的，急得直瞪眼，心说："八成要出危险，跑吧！"找个空子，"噗通！"一个猛子不见了，篙头也跟着漂走。

李有福也想跳下去，跟车的就站在他背后，不错眼地盯着，司机和那小姑娘，也站在他两旁。李有福心里跟油煎似的："唉！没打着狐狸反倒惹身骚……"他咬着嘴唇，脸色青白，黄豆粒大冷汗珠子往外冒，猛一闾眼，向水里扎下；小姑娘想伸手抓住他，李有福的褂子开了花。他来个仙人脱衣，"咕噜！"沉入水底。

小姑娘身不由己，也掉到水里，跟车的急得直冒火，小姑娘却挣扎着从水里探出身子，双手扒着船帮，跟车的伸手拉上来；小姑娘苍白着脸，胸脯一起一伏。

司机铁青着脸："甭慌！我来掌舵。"

大船像一片树叶，在河里转起圈子。……

这时，小姑娘看见岸上地里有人，她扯开嗓子喊：

"救船来呀！汽车载着国家的粮食！"

话刚落音，一个小伙子像离弦的弹子似的跑来，跟着，男男女女也追在后面。……

支书关山说："鸡多不下蛋，我跟青林子下去。"说着就跳下水，一个浪头把他按下去。

跟车的瞧见是青林，喜得喊：

"小兄弟！把那两个坏蛋抓住。"

青林一看，王福亮李有福正靠着堤喘气，青林黑眼睛瞪得溜溜圆，凫着水奔他俩去，那俩家伙吓得往堤上爬，青林一只手抓一只脚，就往深处扯；两个"妈呀！妈呀！"叫起来。关山回头喊："青林子！放开他俩，赶紧推船来。"青林狠狠地说；"过一会再收拾你们！"就松开手，向大船那里游去。

关山掌着舵，青林推着船，不到一会，就到对岸了。跟车的拥抱着青林："好兄弟！多亏你跟那位老叔，国家财产没受到损失。"司机掏出十万块钱："辛苦您俩，留着买点酒喝，压压惊。"关山立刻攥住他的手往对方的口袋里塞进去，说："同志！爱护国家财物是大伙的事，难道还该要酬劳吗?"司机心里热辣辣的，嘴唇激情地抖动着，竟说不出一句话来。

他们紧紧地握着手。

太阳已经落山，映起一片晚霞，晚霞笼罩着他们，像是满身披红。

四

小姑娘躲在一片麻地里，脱下褂子拧着水，圆圆的麻叶，挤得严严实实，把她深深地藏在里面。

汽车扇起烟，发出"嗡嗡"的声响。跟车的喊："喂！那位姑娘上车吧。"她急忙穿上衣裳走出来；瞧瞧天色，眉头皱个疙瘩："到北京太晚啦！怕找不着。"

"到北京有什么急事？"青林问。

"俺哥哥从朝鲜调回来休养，去看望看望。"小姑娘愁起来，"人生地不熟，一时半会怕找不着。衣裳又湿着……"

青林看去，她的裤子直滴水点。他鼓足勇气，不让脸发红，说："住俺家吧！"

小姑娘很欢喜："那就搅一宿咧！"

晚上，青林抱着杆枪，坐在堤上放哨。小姑娘换下湿衣裳，穿上青林娘新缝的老毛蓝裤褂；她拿着个蒲团上堤去，河风扫过来，把肥大的裤褂吹得鼓蓬蓬，身上"嗖！"地一股凉气，她赶忙坐下。青林朝她笑了笑。

白茫茫的天河，静静地躺在湛蓝的天空中，两岸无数的星星在蹦跳着。

"你叫俞青林，今年十八，青年团员是不是？"小姑娘问。

"嗯。"青林回答，"你怎么知道？"

"问大娘来着。"

"你呢？"

小姑娘一点不封建："俺叫李春兰，今年十七咧！春三月参加青年团，东榆林庄的。"

"你家老少几口？参加互助组没？"青林大胆地往下问。

"跟爹娘嫂嫂过日子，俺家是农业生产合作社社员。"春兰眨眨眼，"你们村里，还没有吧！得慢慢来。"

青林不服气："完秋看！俺组准改成生产合作社；这真是瓜熟落地，一点不是半生不熟。"

静。

忽然，村里孩子们嚷嚷："走哇！到葡萄架底下听哭的去。"春兰问："怎么回事？"青林说："今天是七月七，不是牛郎织女天河相会吗？"

春兰笑了，脸红红的。

第二天清早，春兰吃完烙饼摊鸡蛋，青林送她上汽车，汽车站上挤满人，春兰对青林说："回去吧！"青林脸上挺为难，站在道上不动。春兰红着脸说："你跟大娘待人真亲热，完秋来看你们，住些日子。"

青林嘴角挂着笑，喜兴兴地回家了。

清清的河水，哗啦啦地向南流着。摆渡口的大船，载着人马车辆，船夫大声吆喝着："咳哟！……"

肥沃的土地里，冒着呛鼻的清香，传出一阵阵嘹亮的村歌。

1952 年 8 月

图书在版编目（CIP）数据

老师领进门 / 刘绍棠著. -- 武汉：长江文艺出版
社，2023.1
ISBN 978-7-5702-2802-7

Ⅰ.① 老… Ⅱ.① 刘… Ⅲ.① 阅读课－小学－教学参
考资料 Ⅳ.①G624.233

中国版本图书馆 CIP 数据核字 (2022) 第 123442 号

老师领进门
LAOSHI LING JINMEN

责任编辑：梅若冰　　　　　　责任校对：毛季慧
整体设计：一壹图书　　　　　　责任印制：邱　莉　杨　帆

出版：长江出版传媒 ｜ 长江文艺出版社
地址：武汉市雄楚大街 268 号　　邮编：430070
发行：长江文艺出版社
http://www.cjlap.com
印刷：长沙鸿发印务实业有限公司

开本：640 毫米×970 毫米　　1/16　印张：7.75　　插页：4 页
版次：2023 年 1 月第 1 版　　　　2023 年 1 月第 1 次印刷
字数：57 千字

定价：23.00 元
